Gerd Freiherr von Ketelhodt

Der Sachwert

München und Leipzig
Verlag von Duncker & Humblot
1914

Altenburg
Piererſche Hofbuchdruckerei
Stephan Geibel & Co.

Vorwort.

Unter Sachwert verstehe ich die wirtschaftliche Bedeutung eines Produktes als einer Arbeitsleistung, bestimmt durch das Verhältnis der Gesamtarbeitskraft des Produzenten zu seinem Gesamtbedarf und ausgedrückt in Geld. In der Gesellschaftsform, in welcher die kapitalistische Produktionsweise herrscht, ist der Sachwert der am deutlichsten hervortretende Wert; er ist die Grundlage dessen, was Marx Ware nennt und hiermit mag es gerechtfertigt sein, die ganze Schrift nach ihm zu benennen. Sein Gegenstück, die wirtschaftliche Bedeutung eines Produktes als eines Bedarfsgutes, bestimmt durch das Verhältnis des Gesamtbedarfs des Konsumenten zu seiner Gesamtarbeitskraft und ausgedrückt in Geld, nenne ich Genußwert (Bedürfnisbefriedigungswert). Das ist im wesentlichen der Wert den Marx Gebrauchswert nennt.

Mit diesen Sätzen ist schon angedeutet, daß meine Schrift, die eine Kritik der ersten Abschnitte des „Kapitals" von Marx darstellt, zugleich die Grundlinien einer anderen Theorie enthält. Ich mußte aber davon absehen, das so Gefundene mit den Ergebnissen früherer Forschungen zu vergleichen, teils, wie ich offen gestehe, weil ich nicht zu den Gelehrten gehöre, die von dem gesamten volkswirtschaftlichen Schrifttum Kenntnis haben, teils aber auch, weil eine Auseinandersetzung mit noch anderen Schriftstellern viele Wiederholungen nötig gemacht hätte, denen ich schon bei der Zwiesprache mit Marx nur mühsam ausweichen konnte. Ich hoffe, daß das Absehen von allen üblichen wissenschaftlichen Voraussetzungen das Verständnis des Werkes erleichtert, daß es also besonders auch für Laien lesbar und verständlich geschrieben ist, was man vom „Kapital" bekanntlich nicht sagen kann.

Für vieles, vor allem für die Grundbegriffe, konnte ich mich auf meine Schrift: „Das Werturteil als Grundlage der Lehre vom Wert“, Verlag von Duncker und Humblot, München und Leipzig 1913 beziehen. Dort werden sozusagen die Steine behauen, aus welchen die Grundmauern des hier begonnenen Gebäudes aufgeführt werden. Beide Werke gehören zusammen und die Kenntnis des einen wird das Verständnis des anderen fördern. Vom „Kapital“ benutzte ich die vierte Auflage, Hamburg 1890, von der „Kritik der politischen Ökonomie“ die dritte von Karl Kautsky herausgegebene Auflage.

Rudolstadt, im März 1914.

Freiherr von Ketelhodt.

Inhaltsangabe.

§ 1.

Der Wert.

Wert ist Bedeutung im Verbrauche zur Förderung der Zufriedenheit des Menschen. Die Zufriedenheit kann durch körperliche oder geistige Güter gefördert werden, wir beschränken uns hier auf die Betrachtung des Wertes körperlicher Güter. Da Wert Bedeutung im Verbrauche ist, verwirklicht er sich außerhalb des Produktionsverfahrens. Daher können wir den wahren Wert eines Gutes im Produktionsverfahren selbst nicht feststellen, sondern nur den Wert, den das Gut in dem Augenblicke hat, in welchem es das Produktionsverfahren verläßt. In diesem Augenblick wird über den voraussichtlichen Wert des Gutes ein Werturteil gefällt. Es handelt sich darum, die Voraussetzungen des Werturteils zu erörtern. Solcher gibt es zwei Gruppen: die eine ist gegeben in der natürlichen Beschaffenheit des Gutes am Ende des Produktionsverfahrens — in der Tauglichkeit der Sache —, die andre umfaßt die Bedingungen der Aneignung wie sie dem erscheinen, der das Gut aus dem Produktionsverfahren herausnehmen will, also dem Konsumenten. Er ist doppelt Konsument, einmal dadurch, daß er das Gut aus dem Güterumlaufe in seinen Privatbesitz bringt, dann aber auch dadurch, daß er es wirklich verbraucht. Natürlich wird er das Gut nur erwerben, wenn er glaubt, es verbrauchen zu können, und hier finden wir die erste festgezogene Grenze des Wertbegriffs: Wert kann nur das sein, was ein Bedürfnis befriedigt, das Vorhandensein eines Bedürfnisses ist die unbedingte Voraussetzung für die Bewertung eines Gutes. Später haben wir uns nur mit dem Gute bis zum Ende des Produktionsverfahrens zu befassen und werden unter dem Konsumenten nur den verstehen, der das Gut sich endgültig aneignet. Zunächst aber fragen wir uns nach den Voraussetzungen, welche für den Verbraucher außerhalb des Produktionsverfahrens maßgebend sind, auf Grund welcher er sein Werturteil abgibt.

Als Konsument kommt schließlich immer ein Mensch, ein Einzelwesen in Betracht mit allen seinen verschiedenen Fähigkeiten, Wünschen und Bedürfnissen. So verschieden diese sein können, so verschieden sind auch die Voraussetzungen des Werturteils, so daß die Bewertung eine höchst persönliche Angelegenheit ist. Daher entscheidet stets nur der Einzelfall darüber, ob und wie ein Gut bewertet wird, und hier finden wir die zweite, engere Grenze des Wertbegriffs: Mag das Gut auch an sich tauglich sein, ein Bedürfnis zu befriedigen, so entscheidet doch nur der Einzelne, der Konsument, ob das Gut, wie es ihm angeboten wird, gerade sein Bedürfnis zu befriedigen geeignet erscheint. So haben Nahrungsmittel die Tauglichkeit, den Hunger zu stillen, aber das allein genügt nicht für die Bildung des Werturteils, sondern es fragt sich noch, ob der Hungrige sich gerade dieses Nahrungsmittels bedienen will und ob er es sich aneignen kann. So erkennen wir die zwei großen Voraussetzungen des Werturteils: das subjektive Bedürfnis und daneben die Notwendigkeit, sich das Gut anzueignen. Das Werturteil drückt einheitlich aus, daß das Gut tauglich ist, wie groß die Möglichkeit der Aneignung des Gutes ist und es bezeichnet in dieser Einheitlichkeit die Wertgröße am Ende des Produktionsverfahrens.

Dem Menschen sind von Natur die Bedürfnisse eingepflanzt, ihm ist aber in seiner Arbeitskraft auch die Fähigkeit gegeben, diese Bedürfnisse zu befriedigen. Wir haben zu unterstellen, daß Bedürfnisse und Arbeitskraft in einem natürlichen Gleichgewicht stehen, sie sind von einander so abhängig, daß keines ohne das andere zu denken ist. Was der Befriedigung der Bedürfnisse dient, ist zugleich Voraussetzung für Erhaltung und Erneuerung der Arbeitskraft, aber ebenso muß das, was von der Arbeitskraft genommen wird, der Befriedigung der Bedürfnisse dienen. Um diese Vorstellung zu vereinfachen, nehmen wir an, daß die

Arbeitskraft gerade zur Deckung des Bedarfs ausreiche, welcher für die Ersetzung und Erhaltung der Arbeitskraft selbst unbedingt erforderlich ist[1].

Wir können nun einen doppelten Bedarf feststellen, nämlich den Bedarf, der die Bedürfnisse zur Erhaltung der Arbeitskraft umschließt und den Bedarf, der die Arbeitskraft zur Befriedigung der Bedürfnisse umschließt. Ebenso können wir eine doppelte Leistung feststellen, nämlich die Leistung der Arbeitskraft zur Beschaffung der Bedarfsgüter und die Leistung der Bedarfsgüter zur Beschaffung der Arbeitskraft. Hierin ist der Kreislauf des wirtschaftlichen Lebens völlig bestimmt und jedes der beiden Bedarfs- oder Leistungsglieder ist von gleicher Wichtigkeit und Unumgänglichkeit. Das heißt, daß für den Einzelnen Arbeitskraft und Bedarfsdeckung qualitativ gleich sind, qualitativ im Hinblick auf die Förderung seiner Zufriedenheit. Wir haben hiermit die qualitative und die quantitative Gleichstellung von Arbeitskraft und Bedarf erkannt, aber zugleich die Grenzen gezogen, daß sie nur für den Einzelnen, nicht für eine Gesamtheit qualitativ gleich sind, und daß diese Gleichheit nur für die persönlichen Zwecke des Menschen gilt; nach außen sind beide qualitativ ungleich und es ist die Aufgabe jedes Werturteils, diese Ungleichheit zur Gleichheit zu machen, das heißt einerseits die Ausgabe an Arbeitskraft zur Einnahme an Bedarfsgütern, andrerseits die Ausgabe von Bedarfsgütern zur Einnahme an Arbeitskraft in das Verhältnis zu setzen, welches die größte Zufriedenheit des Urteilenden zu gewährleisten scheint.

Arbeitskraft und Bedarfsgüter sind also die beiden Grundlagen der Bewertung, nach innen gleich wichtig, nach außen gänzlich verschieden in ihrer Art und Wirkungsweise. Nach außen erscheint die Arbeitskraft als das Mittel zur Beschaffung der Bedarfsgüter, während diese selbst die Bedürfnisse befriedigen. Die Arbeitskraft ist unsichtbar und vergänglich, die Bedarfsgüter

---

[1] Über die Einschränkungen dieser Annahme vergl. § 7.

sind körperliche Sachen, daher verbindet sich das Werturteil mit den Gütern und es scheint, als ob diese es seien, die allein Wert hätten; daher erscheint aber auch die Größe des Wertes in der Bedeutungsgröße der Güter und jeder Wertmessung muß sich eine bestimmte Bedarfsgröße zu Grunde legen. So sagt Marx S. 2, bei Betrachtung der Gebrauchswerte werde stets ihre quantitative Bestimmtheit vorausgesetzt. Umgekehrt kann man aber diese Bedarfsgrößen nicht an einander messen, weil die Bedürfnisse zu verschieden sind. Es ist nicht möglich, ein Größenverhältnis zwischen Eisen und Weizen festzustellen und hier muß man wieder die Arbeitskraft zu Hülfe nehmen, um einen Maßstab für die Größe der Bedarfsgüter zu gewinnen. Wir sahen am wirtschaftlichen Kreislauf des Lebens, daß Produktion Konsumtion ist und Konsumtion Produktion, wir sahen auch, daß die Produktion der Konsumtion und diese jener gleich sein muß und wir finden nun, daß durch diese Gleichheit die Gesamtgröße sowohl der Arbeitskraft, als auch des Bedarfs gegeben ist. Die unteren Grenzen sind damit gegeben, daß Arbeitskraft und Bedürfnisse gerade noch ausreichen, sich wechselseitig zu produzieren und zu konsumieren. Die obere Grenze der Arbeitskraft ist von Natur bestimmt und so gezogen, daß nicht verbrauchte Arbeitskraft vergeht, ohne eine Spur zu hinterlassen. Die obere Grenze des Bedarfs ist durch die Größe der Arbeitskraft gegeben. So kann man den Bedarf soweit ausdehnen, als es die Arbeitskraft gestattet, muß ihn aber soweit einschränken, daß sie gerade noch ausreicht ihn zu decken; man kann seine Arbeitsleistung einschränken, soweit der Bedarf es gestattet, muß sie aber ausdehnen, soweit er es verlangt. Wie sich das auch im Einzelfalle ausgleicht, es bleibt nirgends ein Überschuß, denn wenn sich ein Überschuß an Bedarf bildet, geht der Mensch unter und es kommt hier nicht darauf an, ob der Untergang plötzlich erfolgt oder durch Eingreifen von außen noch aufgehalten, vielleicht wieder abgewendet wird.

Wir bestimmen nun die Größe der Arbeitskraft nach der Summe des Bedarfs und letztere nach der ersteren; mit Rücksicht darauf, daß Arbeitskraft und Bedarf nach innen qualitativ gleich, nach außen qualitativ verschieden sind, unterstellen wir, daß sowohl die Arbeitskraft, als auch der Bedarf in sich qualitativ gleich ist, daß also jede Arbeitsstunde dieselbe Leistungsdichtigkeit aufweist, (vergl. Werturteil S. 15) und jede quantitativ gleiche Bedarfsgröße auch qualitativ dasselbe Maß der Bedürfnisbefriedigung gewährt. Wir nehmen schließlich für beide die gleiche Zeiteinheit an (sie ist dadurch gegeben, daß sich das Leben in der Zeit abspielt und auch die Zeit überall qualitativ gleich ist), bestimmen die Stunde als Zeiteinheit und finden, daß die zehnstündige Arbeitszeit ausreicht, den Tagesbedarf zu decken, sowie daß der Tagesbedarf ausreicht, die Zufriedenheit und mit ihr die zehnstündige Arbeitszeit sicher zu stellen. Zuletzt nehmen wir noch Geld als zweckmäßigstes Zeichen des qualitativ gleichen Bedarfs und unterstellen, daß in zehnstündiger Arbeit der Bedarf in Höhe von 5 ℳ gedeckt wird. Nun haben wir die Voraussetzungen des Werturteils auf die einfachste Form gebracht und wir können jede beliebige Wertgröße in qualitativ gleichen Teilen sowohl der Arbeitskraft als des Bedarfs ausdrücken. Nun hängt die Wahl des Maßstabs nur davon ab, ob dem Urteilenden ein Bedarfsgut oder eine Arbeitsleistung entgegentritt; beide können ihm zum Maßstabe dienen, und er muß das eine an dem Maße des anderen messen. Das besagt, daß jedes Bedarfsgut seine Wertgröße in Arbeitsleistung ausdrückt, jede Arbeitsleistung die ihrige in Bedarfsgut und daß diese beiden Wertgrößen vom Urteilenden gleichgesetzt werden müssen, wenn er den Wert ermitteln will; jedes Bedarfsgut, das ihm gegenübertritt, hat *höchstens* den Wert der diesem Gute in der Privatwirtschaft des Urteilenden entsprechenden Arbeitsleistung, jede zu beurteilende Arbeitsleistung *höchstens* den Wert der ihr entsprechenden Bedarfsgröße, umgekehrt aber hat jedes Bedarfsgut, dessen er sich entäußert, *mindestens* den Wert der ihm entsprechenden Arbeitsleistung, und jede Arbeitsleistung, die von ihm verlangt wird, *mindestens* den Wert des ihr entsprechenden Bedarfsgutes. Und hiermit ist die dritte Einschränkung der Wertgröße gegeben.

Wenn wir das Gesagte kurz ergänzen, so fanden wir die erste Einschränkung darin, daß die Sache überhaupt geeignet sein muß, ein Bedürfnis zu befriedigen, wir nennen diese Sache eine taugliche Sache und unterstellen künftig überall, daß taugliche Sachen oder taugliche Arbeitsleistungen Gegenstand der Bewertung sind. Zum andern fanden wir, daß die taugliche Sache ein Bedürfnis gerade des Urteilenden muß befriedigen können, wenn sie Wert haben soll, und wir verstehen fernerhin unter tauglichen Sachen nur solche, die dieser Voraussetzung entsprechen. Zum Dritten sind die Grenzen der Wertgrößen des Bedarfsgutes oder der Arbeitsleistung durch das Verhältnis der Gesamtgrößen beider bestimmt. So beschränkt sich die ganze Lehre vom Wert auf die Erörterung der Bedingungen unter welchen sich Bedarfsgüter oder Arbeitsleistungen gegenübertreten. Das Werturteil kann stets nur von dem gefällt werden, der entweder Produzent der Arbeitsleistung und Konsument des Bedarfsgutes ist, oder Produzent des Bedarfsgutes und zugleich Konsument der Arbeitsleistung, also nur vom Produzenten zum Selbstkonsum. Im wirtschaftlichen Leben treten sich aber stets zwei Personen gegenüber, also zwei solche Produzenten zum Selbstkonsum, zwischen ihnen steht das Gut oder die Arbeitsleistung, um deren Bewertung es sich handelt, und im Verhältnisse zu diesem Gute oder der Arbeitsleistung erscheint die eine Person nur als Produzent, die andere nur als Konsument. Wir drücken das Gesagte noch so aus, daß sowohl der Produzent als auch der Konsument sein Werturteil stets als Produzent zum Selbstkonsum abgibt; wer die Arbeitsleistung zu beurteilen hat, mißt sie an der Bedarfsgröße, die das Gut für ihn selbst hat, wer das Gut beurteilt, mißt es an der Arbeitsleistung, die er aufzuwenden hätte. Im Kaufe ist der Produzent des Gutes stets Konsument einer Arbeitsleistung — der Gegenleistung —, der Konsument des Gutes stets Produzent der Arbeitsleistung; so vereinigen sich in jeder Person Produzent und Konsument und es bleibt nur noch übrig, klar auszusprechen, daß der Produzent des Gutes dessen Wert nach der Arbeitsleistung bemißt, die er darauf verwendet hat, der Konsument des Gutes nach der Bedarfsgröße, der es entspricht. Jener muß für diese Arbeitsleistung ein Gut erhalten, welches für ihn ein Teil seines Bedarfes ist, dieser muß für das Gut eine Arbeitsleistung hingeben, die dem für ihn dabei geltenden Maßstabe entspricht. Die scheinbar hierin liegende Schwierigkeit haben wir später aufzuklären (§ 3), hier sind erst noch die übrigen Grenzen zu ziehen, die für den Begriff des wirtschaftlichen Wertes gelten.

Das Werturteil kann also nur dann vollständig und richtig abgegeben werden, wenn außer der tauglichen Sache sowohl die Größe des Bedürfnisses als auch die der zu seiner Befriedigung erforderlichen Arbeitsleistung feststeht. (Über die Einzelheiten der Messung vergl.: „Werturteil" S. 45.) Da aber der Ausdruck „Wert" weit über diese Grenzen hinaus gebraucht wird, ist es nötig, seinen Sprachgebrauch zu erläutern, woraus sich wieder Beweise für die Richtigkeit der hier gegebenen Beschränkung herführen lassen dürften.

Wert ist immer Bedeutung im Verbrauche des Menschen. Das gilt sowohl für körperliche als für unkörperliche Werte. Jedoch lassen sich nur körperliche Werte ihrer Größe nach bestimmen, die Größe der geistigen Werte kann und muß allein nach dem Grade der Befriedigung des geistigen Bedürfnisses geschätzt werden; es ist das eine außerwirtschaftliche Bewertung, die dann oft überschwenglich ausfällt, eben weil der sichere Maßstab fehlt. Hierher gehört also zunächst die Bewertung von Kunstgenüssen und Naturschönheiten, aber auch die von anerkennenswerten Charakteräußerungen des Menschen, die Bewertung von Treue, Gewissenhaftigkeit, Liebe und dergl. Wir werden gleich in anderem Zusammenhange darauf geführt werden, daß jede außerwirtschaftliche Bewertung, aber auch die wirtschaftliche Bewertung lediglich auf Grund eines Bedürfnisses, keine bestimmten Wertgrößen ergeben kann. Hieraus dürfte zu schließen sein, daß sich der sprachgeschichtlich nicht aufgeklärte Ausdruck „Wert" vom wirtschaftlichen über andere Gebiete ausgebreitet hat.

Man gebraucht den Ausdruck Wert aber auch im wirtschaftlichen Leben ohne Beziehung auf einen Einzelfall, wie er bisher angenommen wurde, — denn Arbeitskraft und Bedürfnisse sind nur subjektiv bestimmt und bei jedem Einzelnen verschieden —, also ohne Kenntnis sei es des Bedürfnisses, sei es der aufzuwendenden Arbeitsleistung. Hier ist gleichfalls die Folge, daß die Größe des Wertes nicht angegeben werden kann. Es ist nur der Gegenstand des Werturteils vorhanden, der an sich als eine rein natürliche Sache keinen Wert hat, dessen Bedeutung für die Wirtschaft des Volkes oder des Einzelnen aber hervorgehoben werden soll. So redet man vom Werte der Kohlen- und Eisenlager, der Urwälder, der Wasserkraft, ohne damit mehr bezeichnen zu wollen oder zu können, als daß diese Gegenstände und Kräfte dem menschlichen Verbrauche zu dienen geeignet erscheinen. So wird z. B. der „ungeheure Wert" eines Urwaldes meist dann hervorgehoben, wenn der Wald durch eine Feuersbrunst vernichtet ist und es sich herausstellt, daß er niemals einem Bedürfnisse des Menschen wird dienen können. Auch diese Werturteile lediglich auf Grund der tauglichen Sache sind oft überschwenglich. Etwas anders liegt die Sache, wenn man mit Berechnungen über die Kosten der Nutzbarmachung an solche Werte herantritt. Hier unterstellt man schon den Aufwand an Arbeitskraft und gewinnt so den Boden für die Bewertung der Tauglichkeit. Hier tritt der Unternehmer schon als Konsument auf und er bildet sich sein Werturteil wie jeder Konsument in jedem Einzelfalle über jede einzelne Sache, nur daß das Risiko, welches jeder Käufer trägt, hier gewöhnlich sehr groß ist, weil die Tauglichkeit im Verbrauche erst nach Abschluß des Produktionsverfahrens geprüft werden kann.

Wie hier die taugliche Sache als gegeben vorausgesetzt wurde, kann man auch das Bedürfnis als gegeben annehmen und hiernach die Mittel zu seiner Befriedigung, die tauglichen Sachen, bewerten. Hierher gehören zahlreiche patentgeschützte Erfindungen, die ein Bedürfnis, das der Erfinder schon erkannt zu haben glaubt, bei der Allgemeinheit erst wecken sollen. Es ist sehr fraglich, in welchem Umfange das gelingen wird und ob der Erfinder das Bedürfnis richtig beurteilt hat, daher denn auch der Wert der Erfindung sehr verschieden eingeschätzt wird. Oft genug sieht man, daß der Erfinder die Gegenleistung, welche der Konsument für die Befriedigung des (von ihm vielleicht längst gefühlten) Bedürfnisses zu machen geneigt wäre, zu hoch festgelegt hat und deshalb mit dem Preise herabgehen muß.

Hieran schließen sich die Werturteile des Konsumenten über Dinge, denen man nicht allgemein Wert beimißt, deren Wert lediglich durch das Bedürfnis des Konsumenten bestimmt wird. So der Wert von Gegenständen des Sammeleifers, von Gemälden, auch von sonst wertlosen Gegenständen, wie etwa von faulen Äpfeln, welche Schiller bewertete, weil ihr Geruch ihn zum Schaffen anregte. Im Grunde liegt hier ein bestimmtes Werturteil vor; man kann sich vorstellen, daß auch faule Äpfel für Schiller zu teuer geworden wären, daß die Arbeitsleistung, sie sich zu verschaffen, nicht im Verhältnisse zum Maße der Bedürfnisbefriedigung gestanden hätte. Hier kann man auch die Fälle erwähnen, in welchen sich jemand Jordanwasser zur Taufe seines Kindes verschafft oder heimatliche Erde, um sein Bett darauf zu stellen. Diese Werte sind reine Gefühlswerte, ihre Größe findet aber ihren wirtschaftlichen Ausdruck in der Leistung, die der Konsument zu gewähren bereit ist, um dieses Gefühlsbedürfnis zu befriedigen. Eine objektive Schätzung der Wertgröße ist nicht möglich. Solche Fälle kennzeichnen sich dadurch, daß das Bedürfnis ungewöhnlich groß ist, so daß bei der Wertbemessung die Größe des Aufwandes an Arbeitsleistung zurücktritt und fast ganz unbeachtet bleibt, jedenfalls von außen auch nicht annähernd geschätzt werden kann. So werden oft für irgendwelche Sachen „unsinnige Preise" gezahlt: die Höhe der Preise widerspricht der allgemeinen Erfahrung, die nur mit regelmäßigen Bedürfnissen und der regelmäßig zu ihrer Befriedigung erforderlichen Arbeitsleistung rechnet.

Schließlich gehören zu diesen Werturteilen, die wir allesamt unbestimmte Werturteile nennen, alle Werturteile des Produzenten, weil sie nicht auf das Bedürfnis, sondern nur auf die Arbeitsleistung gegründet sind. Dieser Punkt bedarf, was den Produzenten im allgemeinen anlangt, noch einer besonderen Erläuterung (vergl. „Werturteil“ S. 57). Zur Verdeutlichung des Gemeinten seien daher hier nur die Grenzfälle erwähnt, in denen wirklich der Produzent lediglich seine Arbeitsleistung bewertet, zunächst also die Arbeitsleistungen solcher Leute, die sich produzieren, ohne tiefere Bedürfnisse befriedigen zu wollen oder zu können, daneben auch solche Arbeitsleistungen, die um ihrer selbst willen vorgenommen werden. Der Wert einer Postkarte, auf welche jemand die ganze „Glocke“ von Schiller geschrieben hat, der eines Kirschkerns mit dem Vaterunser, der einer Flasche, in welche ein Schiff oder ein Haus hineingekünstelt ist, auch der einer Elfenbeinkugel, in der sich mehrere ausgebohrte Kugeln befinden, eine in der andern, schließlich auch der Wert einer künstlerischen Leistung, das alles sind Werte, deren Größe der Produzent lediglich auf Grund seiner Arbeitsleistung, die ja auch geistige Arbeitsleistung sein kann, bestimmt.

In der Volkswirtschaft haben wir uns nur mit zwei Gruppen der Werturteile zu befassen, also auch nur mit zwei Werten. Die eine Gruppe umfaßt die Bewertungen auf Grund vollständiger Werturteile, wo also Arbeitskraft und Bedarf bekannt sind, dies gesehen vom Konsumenten, die andere Gruppe umfaßt die unbestimmten Werturteile des Produzenten. Auch diesen letzteren Werturteilen liegt für gewöhnlich ein vollständiges Werturteil zu Grunde, und wenn wir uns ein Produkt vorstellen, wird die darauf verwendete Arbeitsleistung vom Produzenten genau so aus dem Verhältnisse seines Bedarfs zu dieser Arbeitsleistung bestimmt, wie sein Genußwert vom Konsumenten auf Grund der geforderten Gegenleistung zu dem Maße, in welchem dieses Produkt sein Bedürfnis befriedigen kann. Aber das Urteil des Konsumenten bezieht sich auf das Produkt, wie es ist, weil es eine für ihn taugliche Sache ist, die seinen Bedarf decken soll; er gibt das Urteil als Produzent zum Selbstkonsum ab, während das Produkt für den Produzenten keine taugliche Sache ist, es ist nicht bestimmt, seinem Bedarf zu dienen, und der Produzent kennt daher die Bedarfsgröße seines Produktes nicht, daher denn sein Werturteil diesem Produkt gegenüber unvollständig ist. Es kommt oft genug vor, daß ein Konsument für ein Produkt einen dem Produzenten selbst überraschend hohen Preis bewilligt, umgekehrt aber auch, daß der Produzent für das Gut zu dem von ihm angesetzten Preise überhaupt keinen Abnehmer findet. Das bekannteste, unbestimmte Werturteil ist die Offerte. Die Preise in den Warenkatalogen sind vom Produzenten auf Grund seines privaten Bedarfs und der auf die Waren verwendeten Arbeitsleistung festgesetzt, aber er sucht mit dem Kataloge den Konsumenten, für den die Ware den dem Preise entsprechenden Bedarfswert hat und er weiß nicht, ob er einen solchen Konsumenten findet, wenn er auch in der Mehrzahl der Fälle annehmen darf, daß er einen finden werde. Der Produzent schätzt den Sachwert, denselben Wert, den Marx mit dem Ausdrucke Warenwert bezeichnet. Wir werden künftig die Ausdrücke Sachwert und Ware in dem Sinne als gleichbedeutend gebrauchen, daß beide eine taugliche Sache bezeichnen, auf welche Arbeitskraft verwandt wurde.

§ 2.

Robinson.

Marx findet es natürlich („Einleitung zu einer Kritik der politischen Ökonomie" S. XIII), daß eine Betrachtung der heutigen Produktion von der gesellschaftlich bestimmten Produktion der Individuen auszugehen habe. Er meint, es sei eine Täuschung, das Individuum als das von der Natur Gesetzte anzusehen, als ein Ideal, dessen Existenz eine vergangene sei; die Vorstellung des einzelnen oder vereinzelten Jägers oder Fischers sei eine der phantasielosen Einbildungen des achtzehnten Jahrhunderts. Wenn wir trotzdem den Robinson in die Mitte unserer Betrachtungen stellen, bedarf dies der Begründung.

Wir haben schon in § 1 gesehen, daß die richtige und vollständige Bewertung eines Gutes nur durch den Produzenten zum Selbstkonsum möglich ist, weil nur dieser in dem Gleichgewichtsverhältnisse zwischen Bedarf und Arbeitskraft, wie es gerade bei ihm besteht, die qualitative Gleichheit und den richtigen Maßstab für die Bewertung sowohl jeder Arbeitsleistung, die von ihm verlangt wird, als auch jedes Gutes das ihm angeboten wird, findet. Jeder Wert hat zwei Seiten, die eine nach der Produktion, die andere nach der Konsumtion zugewendet, und das vollständige Werturteil bedarf der Berücksichtigung beider Seiten. Der Produzent zum Selbstkonsum ist aber nur als eine einheitliche Person denkbar. Man kann nicht die Arbeitsleistung des einen mit dem Bedarf eines andern vergleichen, weil eben nur in dem natürlichen Einzelwesen Produktion Konsumtion und Konsumtion Produktion ist. So war es ein sehr richtiges Gefühl der alten Nationalökonomen, den vereinzelten Einzelnen zum Ausgangspunkte ihrer Erörterung zu machen, allein es war irreleitend, diesen Einzelnen als Jäger oder Fischer einzuführen. Ein Urjäger oder Urfischer setzt ohne weiteres auch das Vorhandensein eines Urschneiders oder Urwebers voraus, er ist nur, wie Marx hier richtig bemerkt, als Zubehör eines menschlichen Konglomerates denkbar, in dem schon der Einzelne nicht mehr ganz auf sich allein angewiesen ist, sondern schon eine Arbeitsteilung besteht.

Wir ziehen es vor, die Einzelwesen, von denen wir ausgehen, Robinson zu nennen und meinen damit den Produzenten zum Selbstkonsum, der darauf angewiesen ist, seinen Bedarf lediglich mit seiner Arbeitskraft zu decken, aber auch seinen Bedarf steigern kann, soweit es seine Arbeitskraft zuläßt. Für uns ist aber Robinson nur der Name für diese Einzelperson, wir verbinden damit nicht den Begriff einer bestimmten Kulturstufe, wie sie etwa der geschichtliche Robinson hatte, sondern wir können uns einen Mann irgendeiner Kulturstufe als Robinson vorstellen. Es ist für uns also nebensächlich, welche Gesellschaftskräfte dieser Robinson schon in sich besitzt. Verstehen wir darunter Bedürfnisfähigkeit, Intelligenz und Leistungsfähigkeit, (körperliche und geistige Arbeitskraft), so ist es klar, auch ja schon ausgeführt, daß Bedürfnisse und Arbeitskraft *immer* in einem

Gleichgewichtsverhältnisse stehen müssen, daß also dieses Verhältnis von der Höhe der Kulturstufe nicht abhängt. So besitzt jeder Robinson die Bedürfnisfähigkeit, aber auch die Leistungsfähigkeit seiner Zeit, und der Reiz der Erzählung von Robinson liegt darin, daß er es verstand, nach und nach seinen europäischen Bedarf zu decken, obwohl ihm die europäischen Hilfsmittel dazu fehlten. Denken wir uns einen alten Deutschen, einen klassischen Griechen, einen Lappländer oder einen Feuerländer in die gleiche Lage, so wird die Erzählung seiner Abenteuer für seine Volksgenossen gerade so interessant ausfallen, wie für uns die des geschichtlichen Robinson, aber stellen wir uns einen Diogenes in solcher Vereinzelung vor, so würde seine Erzählung uns höchst uninteressant vorkommen wegen der Bedürfnislosigkeit des Helden, welche weder an seine geistige, noch an seine körperliche Arbeitskraft besondere Anforderungen stellte. Die Kulturstufe gibt also nur den Rahmen ab, in welchem die Erzählung solcher Erlebnisse mehr oder weniger Interesse erregt, aber eines ist allen diesen Vereinzelten gemeinsam: sie müssen wenigstens so viel arbeiten, daß sie sich selbst erhalten können und gerade das ist es, worauf es uns ankommt. Es handelt sich also hierbei nicht um die Vorwegnahme der bürgerlichen Gesellschaft, sondern um ein Absehen von den Formen, in denen sich das wirtschaftliche Leben der bürgerlichen Gesellschaft bewegt, ein Absehen gerade zu dem Zwecke, den Inhalt des wirtschaftlichen Lebens überhaupt zu erfassen.

Somit ist Robinson für uns nicht die *geschichtlich*, sondern die *wirtschaftlich* bedingte Einzelperson, ebenso wie in allen Zeiten jeder Hausvater, der die beiden Seiten seines Wirtschaftsbuches, Einnahme und Ausgabe in Einklang zu halten hat, wirtschaftlich bedingt ist und war. Für uns handelt es sich um das Wirtschaftsbuch des Lebens, nicht nur um Vorwärtskommen und Zurückgehen, sondern um Zufriedenheit oder Untergang. Der Kreis jeder Privatwirtschaft wird aber vom Kreise der Volkswirtschaft so geschnitten, daß das außerhalb dieses größeren Kreises bleibende gerade die umgekehrte Bedeutung des von diesem Kreise Bedeckten erhält. Wie auf der volkswirtschaftlichen Seite des Lebens die Einnahme in Bedarfsgütern, die Ausgabe in Arbeitskraft besteht, so besteht auf der andern höchstprivaten Seite die Einnahme in Arbeitskraft und allem, was der Zufriedenheit dient, und die Ausgabe in Bedarfsgütern. So gliedert sich der Kreis, in welchem Produktion Konsumtion und Konsumtion Produktion ist, und wie auf der wirtschaftlichen, so müssen auch auf der höchstpersönlichen Seite Einnahme und Ausgaben in Einklang stehen. Dem Verbrauche an Bedarfsgütern, der hier als Ausgabe zur Förderung der Zufriedenheit und der höchsten Zwecke des menschlichen Lebens erscheint, muß die Einnahme an Leistungsfähigkeit in gleichem Sinne entsprechen; sie muß also nicht nur für Ersetzung der Arbeitskraft, sondern für diese Lebenszwecke alle miteinander verbraucht werden. Wir nennen diese Seite der wirtschaftlichen Einzelperson die moralische Seite und finden hier die tiefsten Wurzeln dessen, was auch die Bildung des rein wirtschaftlichen Werturteils beeinflußt, die Würdigung der Bedarfsgüter, die jedem gegenübertreten können, nach den Zwecken des Lebens, nach den wahren, vernünftigen und sittlichen Bedürfnissen, die jeder hat oder haben sollte. Sonach ist Unwirtschaftlichkeit nicht nur wirtschaftlich unzweckmäßig, sondern auch sittlich zu beanstanden. Wir unterstellen, daß unser Robinson seine beiden Hauptbücher in gleich guter Ordnung zu halten versteht, daß er nicht nur die Einnahmen an Bedarfsgütern und die Ausgaben an Arbeitsleistungen, sondern auch die Ausgabe an Bedarfsgütern und die Einnahmen an Leistungsfähigkeit nach wirtschaftlichen und sittlichen Gesichtspunkten regelt.

So stellen wir unsern Robinson als die Verkörperung des normalen und vernünftigen Produzenten zum Selbstkonsum hin und fragen uns, wie sich sein wirtschaftliches Leben unter den verschiedenen Bedingungen der verschiedenen Kulturstufen gestaltet. Wenn von Produktion die Rede ist, (Marx a. a. O. S. XV) ist immer die Rede von Produktion auf einer bestimmten gesellschaftlichen Entwicklungsstufe. Wir finden das Gemeinsame aller Produktion nicht, indem wir die Produktion im allgemeinen als eine Abstraktion auffassen, sondern indem wir den Produzenten aus den zufälligen Bedingungen der jeweiligen Produktionsverhältnisse lösen. Wir abstrahieren den Produzenten und haben schon gefunden, daß er stets Produzent zum Selbstkonsum ist, sowie daß seine Produktion und Konsumtion nicht nur von wirtschaftlichen, sondern auch von sittlichen, also außerwirtschaftlichen Bedingungen abhängt. Wir haben aber auch schon gesehen, und wissen es ohnedem, daß diese beiden Gruppen von Bedingungen in sich und im Verhältnisse zu einander verschieden zusammengesetzt und gemischt sind. Wir werden uns also wenigstens zwei Robinsons vorzustellen haben, die zu einander in wirtschaftliche Beziehungen treten.

Nun erst haben wir die Möglichkeit, die Verschiedenheit der Produktion in den verschiedenen Kulturstufen zu beleuchten und so die Zeiträume der Geschichte mit einander zu vergleichen. Wir müssen aber auch den Vergleich ziehen, wenn wir feststellen wollen, wodurch sich denn nun eigentlich diese eine Wirtschaftsstufe von der andern unterscheidet, und in welcher Richtung sich die jetzige Wirtschaftsform wohl weiter entwickeln könnte. Robinson ist eine wirtschaftliche Einheit in Produktion und Konsumtion. Beide werden von ihm allein beeinflußt und bestimmt. Wir müssen festhalten, so wenig richtig es zunächst auch scheinen mag, daß im Grunde auch heute noch jeder eine solche Einheit ist und bleiben muß, daß die natürliche und sittliche Verantwortung für all das, was in seinem wirtschaftlichen Kreise geschieht, nach wie vor bei dem Einzelnen bleibt. Aber die Möglichkeiten der Betätigung dieser Verantwortung haben sich verschoben und wohl auch vermindert.

Zunächst sehen wir als Abweichung vom Leben Robinsons, daß sich die Produktion von der Konsumtion ablöst. Die Produktion wird selbständig, die Konsumtion bleibt gemeinschaftlich. Es taucht also ein neues Subjekt als Produzent zum Selbstkonsum auf; nennen wir es Familie oder Stamm oder Volk, das Entscheidende ist, daß ein überragender Wille es versteht, die Produktion von der Konsumtion zu trennen und doch das richtige Verhältnis zwischen beiden aufrecht zu erhalten. Es tritt hier also der gesellschaftliche Wille neben den privaten Willen und eine gesellschaftliche Sittlichkeit neben die private. Dieser Wille hat das Wohl der von ihm beherrschten Gesamtheit im Sinne und er vermag sich leicht durchzusetzen, weil die Konsumtion gemeinschaftlich geblieben ist. Jeder Produzent ist in seiner Produktion diesem Willen unterworfen, weil er in der Konsumtion von ihm abhängig ist. Das ist der Zustand, den wir als Naturzustand anzusehen gewohnt sind, die Zeit des Urfischers und Urjägers, die einzelne Zweige der Produktion für sich absonderten, aber in der Konsumtion an allem Teil hatten, was die Gesamtheit produzierte. Wer sich dem gesellschaftlichen Willen nicht fügen wollte, wurde aus der Gemeinschaft ausgestoßen und sah sich völlig auf sich allein gestellt, als erster Robinson. Spuren dieses Urzustandes lassen sich bis in unsere Zeit verfolgen.

Hier ist nun einzufügen, daß es ganz auf den Standpunkt der Betrachtung ankommt, ob man diese Arbeitsteilung aus der Abhängigkeit von einem Stammesoberhaupte und also von der Gemeinschaft selbst erklärt, sie demnach als politisch auffaßt, oder ob man sie als selbstgefundene Zweckmäßigkeit erkennt, sie wirtschaftlich auffaßt.

Marx neigt mehr zum ersteren, weil er in diesen Verhältnissen mehr die Sicherstellung des eigenen Konsums sieht; erst im 18. Jahrhundert treten die verschiedenen Formen der gesellschaftlichen Zusammenhänge dem Einzelnen als bloßes Mittel für seine Privatzwecke entgegen — vorher also ist zu ergänzen, erscheinen diese Zusammenhänge als Pflichten, welche die Privatzwecke einschränken oder behindern, und diese Pflichten bestehen im Eintreten des Einzelnen für Alle, auf der einen Seite in dem Zwang zu produzieren, damit die Gemeinschaft konsumieren kann, auf der anderen Seite in der Möglichkeit, Dinge zu konsumieren, die man nicht produziert hat. So aber führt die Vorstellung einer solchen Gemeinschaft wieder zurück auf die des Produzenten zum Selbstkonsum, und ebenso wie Robinson seine

Produktion nach seinen Bedürfnissen regelte, so bestimmt hier ein Wille über das, was zu produzieren ist, damit Alle konsumieren können.

Indessen erschöpft diese Betrachtung die Möglichkeiten nicht, denn es ist sehr wohl denkbar, daß schon damals die Teilproduktion lediglich im Sonderinteresse der Produzenten lag, daß sie es für zweckmäßig erkannten, nur zu fischen oder zu jagen, wobei natürlich Voraussetzung ist, daß andere es für zweckmäßig hielten, nur zu schneidern oder zu tischlern. Hier werden wir auf die wirtschaftliche Seite des Verhältnisses aufmerksam gemacht: Arbeitsteilung aus Zweckmäßigkeit, und der Unterschied von der heutigen Gesellschaftsordnung liegt dann nur darin, daß man die Produkte unmittelbar austauschte, so daß man leichter jeden Produzenten als Produzenten zum Selbstkonsum ansehen konnte, als dies heute möglich ist, wo das Bild durch das Dazwischentreten des Geldes getrübt ist. Und hierin dürfte der Grund liegen, weshalb man so gern auf das Beispiel des Urfischers zurückgreift: er erscheint noch als Produzent zum Selbstkonsum, nicht als Lohnarbeiter oder Geldbesitzer und demnach läßt man ihn tauschen, nicht kaufen.

Verfolgen wir beide Betrachtungsweisen durch die Geschichte, so zeigt sich, daß die eben als politisch bezeichnete Abhängigkeit immer mehr als drückend empfunden und nach und nach beseitigt wurde. Die Folge davon war, daß die Sicherstellung des Konsums schwand. Mochten die Leibeigenen, die Hörigen oder sonst politisch Abhängigen auch noch so schlecht gestellt sein, gerade diese Abhängigkeit sicherte ihnen einen, wenn auch bescheidenen Lebensunterhalt; sie war für den wirtschaftlich Schwachen jedenfalls wertvoll, daher aber auch für den Starken eine Last, deren Beseitigung sogleich die große Kluft öffnete, vor der wir heute stehen. Denn nun gewann die private Erkenntnis wirtschaftlicher Zweckmäßigkeit freie Bahn und konnte ausschließlich dem Sonderinteresse dienstbar gemacht werden.

Die Unterschiede dieser beiden Kulturstufen ergeben sich aus den Unterschieden in der Stellung — sozusagen räumlichen

Stellung —, welche der Konsument zum Produzenten einnimmt. Ursprünglich sind beide vereint und jedenfalls ist es eine Naturanlage, die darauf abzielt, daß wer nicht arbeitet, auch nicht essen soll. Später stehen Produzent und Konsument nebeneinander, so daß sie sich in die Hände arbeiten, es ist das das Zeitalter des Tausches und es ist einerlei, ob die gesellschaftliche Arbeitsteilung, die hier beginnt, von der Familie oder dem Stamme ausgeht oder privater Zweckmäßigkeitserkenntnis entspringt. Man kann vielleicht annehmen, daß der Patriarch oder das Stammesoberhaupt seinen privaten Vorteil damit förderte, daß er gewisse Arbeiten von sich selbst abschob und anderen gegen tauschweisen Entgelt auferlegte oder auch, daß es die Schwächeren zweckmäßig fanden, sich gewisser Pflichten zu entledigen und dafür andere auf sich zu nehmen. Dieser Grundgedanke würde sich bei der Entstehung der Frohnen und Naturalabgaben nachweisen lassen.

Die dritte Stufe ist die, in der Produzenten und Konsumenten wirtschaftlich ganz getrennt sind und eines Mittelmannes bedürfen, in dessen Person sich der Konsument wieder mit dem Produzenten vereinigt. Der Händler erscheint als Zwischenkonsument nach der Seite des Produzenten und als Zwischenproduzent nach der Seite des Konsumenten. Auch hier mag es sich um Tausch handeln, aber die Tauschgegenstände werden immer weniger zahlreich, je weiter Produzent und Konsument entfernt sind. Die hier beginnende Distribution ist in erster Linie Zwischenkonsum. Mit dieser Stufe beginnt das Risiko des Händlers, der den Konsumenten erst suchen muß, aber auch, sofern er ihn kennt, die Möglichkeit großen Gewinnes. Auch hier kommt es darauf an, daß der Produzent für seine Arbeitsleistung die ihr entsprechende Summe von Bedarfsgütern erhält und da jedermann als Produzent auftritt, ist es Sache des Händlers, die richtige Verteilung zu ermitteln.

Hier sehen wir, daß der beherrschende Einfluß des Stammesoberhauptes schwindet. Der Produzent ist nicht mehr in demselben Maße wie früher von den Konsumsmöglichkeiten abhängig, welche ihm seine Familie, sein Stamm bieten. Indem sich das

Feld der Konsumtion seiner Produkte erweitert, vergrößert sich auch die Möglichkeit, seinen Konsum nach Belieben zu decken, und es beginnt durch Vermittelung des Handels die wirtschaftliche Freiheit, allerdings nicht zum Vorteile der Gesamtheit und auch nicht zum Vorteile jedes einzelnen, sondern nur zum Vorteile des Starken, in erster Linie dessen mit großer Arbeitskraft, dem diese es gestattet, sich aus den bisherigen Banden frei zu machen. Große Arbeitskraft gestattet aber auch großen Verbrauch und so wird mit dem Ausscheiden der Starken die wirtschaftliche Höhe der Zurückbleibenden herabgedrückt. Sie könnten wohl produzieren wie früher, aber sie haben nicht mehr dieselben Konsumenten wie vorher; sie müssen daher ihre Produktion einschränken und werden noch mehr als bisher und soweit es noch irgend möglich ist, an der Gemeinsamkeit des Konsums festhalten.

Die letzte Stufe ist die, wo Produzent und Konsument getrennt sind und ihre Verbindung nicht nur durch den Zwischenhändler, sondern auch durch ein Zwischenprodukt, das Geld, hergestellt wird. Je mehr das Zwischenprodukt — richtiger Mittelprodukt, denn es stellt sich in die Mitte zwischen Produzenten und Konsumenten und ist zugleich das Mittel, sowohl Bedarfsgrößen als Arbeitsleistungen mit einander zu vergleichen, — in Aufnahme kommt, destomehr kann man des Händlers entraten, aber auch dieser kann sich die Vorteile des Mittelproduktes zunutze machen, (wobei er sein Risiko verringert,) und das ist die Entwickelung, in welcher der Händler nach und nach als überflüssig oder schädlich erscheint. Das Geld ist zum Mittelprodukt geworden, weil es Äquivalent für Arbeitskraft und für Bedarf ist. Nun kann man sagen, der Konsument konsumiert Geld, aber man muß auch erkennen, daß der Produzent Geld produziert: aus dem naturgegebenen Golde, dem allgemeinen Bedarfsgut, dem Schatze macht er Geld. Aber hier ist noch eine Unterscheidung zu treffen. Natürlich kann niemand vom Mittelprodukte wirklich leben und es ist nur bildlich, wenn wir sagen, daß der Konsument Geld verzehrt. Weniger bildlich ist es aber, zu sagen, daß das Geld produziert wird. Sehen wir auf die Bedarfsprodukte, so ist ihr Produzent der, welcher sie herstellt, also um auf größerer Stufenleiter zu urteilen, der Unternehmer, welcher die wesentliche geistige Arbeit leistet und die Rohstoffe vorhält. Er ist es, der bestimmt, was und wie es gearbeitet werden soll, und seine Lohnarbeiter sind nur Produktionsgehilfen. Ihr Interesse ist auch gar nicht auf das Produkt gerichtet und es ist ihnen einerlei, wozu sie ihre Arbeitskraft hergeben. Aber auch sie müssen Produzenten ihres Bedarfes sein und da sie ihren Bedarf in Geld erhalten, produzieren sie eben für sich Geld[1]. Das Geld ist bei dem Unternehmer ein Schatz und diesen münzen die Lohnarbeiter für sich aus. Sie sind Konsumenten dieses Schatzes, sie decken ihren Bedarf mit Geld und verzehren Geld. So ist aber das Vorhandensein eines Schatzbesitzers die Voraussetzung dafür, daß die Lohnarbeiter ihren Bedarf decken können und da der Schatzbesitzer eine Privatperson ist, werden die Lohnarbeiter von dieser Privatperson abhängig. Mag das ein Übel sein, so ist es ein heute unvermeidliches Übel, denn ein Schatz kann nur mit geistiger Arbeitskraft gebildet werden und der Geist ist nur den Menschen und diesen in verschiedenem Maße zugeteilt. So haben wir heute den Lohnarbeiter als Produzenten von Geld und den Unternehmer als Produzenten von Bedarfsgütern, den Händler als Zwischenkonsumenten dieser Bedarfsgüter und auch des Geldes, ihn aber auch als Zwischenproduzenten der Bedarfsgüter und des Geldes und schließlich die beiden Arten von Konsumenten, die der Bedarfsgüter und die des Geldes.

Es leuchtet ein, daß der Konsument des Geldes später immer Konsument von Bedarfsgütern wird, da eben das Geld nur ein Mittelprodukt ist, das zwischen der tatsächlich aufgewendeten eigenen Arbeitskraft und dem wirklichen eigenen Bedarf steht. Die Größe dieses Mittelproduktes wird genau so bestimmt, wie bei Robinson, es muß der Größe der Arbeitsleistung und der Größe des Bedarfes entsprechen.

Es kann nicht unsere Aufgabe sein, diese Kulturstufen in genauen Geschichtsperioden abzugrenzen, wir sehen auch ohne-

[1] Hierüber ist in § 4 mehr zu sagen.

dem, daß die heutige Wirtschaftsform nicht eine beliebige Form ist, die man, wie Marx zu meinen scheint, auch ohne Kenntnis der geschichtlichen Entwickelung zu verstehen vermöchte, sondern daß die jetzige Gesellschaftsordnung geschichtlich bedingt ist und noch Spuren aller früheren Geschichtsperioden erkennen läßt. Das Stichwort der Entwickelung ist Konsumentenflucht. Sie war nur dem Starken, dem in sich schon wirtschaftlich Selbstständigen möglich, aber auch von diesen nur dem, der mit seiner eigenen Produktion nicht gebunden war. So finden wir noch heute in den Grundbesitzern wirtschaftlich Starke, die ihre Produzenten nicht verlassen haben, weil sie mit ihrer Produktion gebunden sind; jedes Rittergut zeigt noch patriarchalische Verhältnisse, die man mit Unrecht als rückständig bezeichnet. Den Arbeitern wird hier ein gewisser Konsum gewährleistet, vielfach noch in Naturalien, dafür haben sie die Möglichkeit, weiter zu produzieren. Diese Möglichkeit wird jetzt durch die Sachsengängerei immer mehr beeinträchtigt. Ob man sagen will, daß dieser Rückgang stattfindet, weil den Arbeitern diese Sicherheit des Konsums nicht mehr genügt oder weil sie ungenügend ist, das ist heute eine politische Ansichtssache. Ungünstiger als das ländliche Proletariat steht das städtische. Hier in den Städten, an den Sitzen des Kapitals ist die Konsumentenflucht größer und leichter, zudem fehlt aber hier auch jede Sicherheit des Konsums der Produktionsgehilfen (Produzenten von Geld). Sie wird durch die Größe des Verdienstes gegenüber der eines landwirtschaftlichen Arbeiters nur scheinbar und immer nur unsicher ausgeglichen, und die Frage, wie dem hier zweifellos vorhandenem Übel zu begegnen sei, ist lediglich eine wirtschaftliche Frage. Das Problem der Zukunft ist Sicherheit des Konsums bei Freiheit der Produktion; es scheint unlösbar zu sein, da die Freiheit der Produktion auch die Freiheit der Nichtproduktion einschließt, die Sicherheit des Konsums aber nur beim Zwange zur Produktion durchführbar ist. Daher denn die „Gesellschaft freier Menschen" (Marx S. 45) nicht das Problem bezeichnet, sondern ein Ideal aufstellt, zu welchem der Weg nicht über die Freiheit führt.

Im folgenden werden wir also mit zwei Robinsons zu rechnen haben; es sind das dieselben Personen, die wir früher („Werturteil“ S. 32, 39) Kolonisten nannten. Jeder von ihnen ist Produzent zum Selbstkonsum, jeder kann auf Grund seines Arbeitswertes die Bedeutung, welche eine Arbeitsleistung für ihn hat und auf Grund des Bedürfniswertes die Bedeutung, welche ein Produkt für ihn hat, richtig abschätzen. Zwischen beiden Robinsons steht das Produkt, welches Robinson-Produzent als Arbeitsleistung, Robinson-Konsument als Bedarfsgut beurteilt.

§ 3.

Das Produkt.

Die Erde mit allen ihren Schätzen ist bestimmt, der Befriedigung der Bedürfnisse des Menschen zu dienen, aber es bedarf der Arbeit um die Naturgegenstände dem Bedarf anzupassen. Gleich hier haben wir wieder die Begriffe Bedarf und Arbeit, mit deren innigem Zusammenhange wir uns schon beschäftigt haben. Wir unterscheiden nun hier die Gegenstände nach ihrer Beziehung zu einem Bedarf in taugliche und nichttaugliche Sachen und befassen uns nur mit den tauglichen als Gegenstände einer Arbeitsleistung. Die Arbeit richtet sich lediglich darauf, die Sachen zu Gütern zu machen und sie dem Verbrauche immer mehr anzunähern, bis sie schließlich aus dem Kreise der Produktion in den der Konsumtion fallen, und sie interessieren uns nur bis dahin.

Der Mensch kann nichts verbrauchen, was er sich nicht vorher angeeignet hat. Die erste Aneignung ist die erste auf die Sache verwandte Arbeitsleistung, und man nennt eine Sache, auf welche Arbeit verwendet wurde, ein Produkt. Man hat dabei die Vorstellung, als seien taugliche Sachen und Arbeitskraft die beiden Faktoren des Produktes, als ständen sie gleichwertig nebeneinander und gingen eine Verbindung unlöslicher Art ein. Indessen gibt diese Vorstellung den Sachverhalt doch nicht richtig wieder. Die Arbeitskraft wirkt zwar mechanisch auf die Sache ein, aber sie läßt sich mit ihr nicht verbinden; sie erscheint immer nur als Ausgabe, als eine Kraft, die an sich nicht zu fassen noch zu halten ist; sie ist unkörperlich und kann daher mit keinem Körper verbunden werden. Nur soviel läßt sich sagen, daß man oft an der bearbeiteten Sache den Aufwand an Arbeitskraft erkennen kann. Nur der Produzent selbst weiß, wieviel seiner Arbeitskraft er für diese Sache ausgegeben hat. Diese Ausgabe läuft wie eine Rechnung neben dem Produkte her, es ist nicht möglich, sie als einen Bestandteil des Produktes zu behandeln.

Hieraus folgt zunächst, daß die taugliche Sache ihr Wesen und ihre Tauglichkeit durch die Bearbeitung nicht ändert, daß es sich bei der Arbeit nicht darum handelt, aus einer tauglichen Sache eine tauglichere oder gar aus einer untauglichen Sache eine taugliche zu machen, sondern *jede Sache hat als obere Grenze ihrer Tauglichkeit die, bei welcher sie in den Verbrauch eingeht.* Es ist Aufgabe der geistigen, nicht der körperlichen Arbeitskraft, diese obere Grenze möglichst weit zu ziehen, die Arbeit ist nur die Gehilfin bei der Ausführung solcher Aufgaben, sie ist nur ein Werkzeug in der Hand des Produzenten. Die Tauglichkeit, die zum Genußwert führt, die also der Konsument beurteilt, ist von aller Arbeit unabhängig. Die körperliche Arbeit beseitigt nur — auf Anregung geistiger Arbeit — die Mängel, die der Entfaltung der vollen Tauglichkeit noch im Wege stehen, sie schafft nichts. Beispielsweise: die Wolle hat Tauglichkeit zum Wärmen, aber die Fäden sind zu kurz. Sie werden also versponnen. Hierdurch wird die Wolle nicht tauglicher, insofern ihre natürliche Tauglichkeit zum Wärmen nicht beeinflußt wird; es wird vielmehr nur ein technischer Mangel bei der Ausnutzung jener Tauglichkeit beseitigt. Das Gleiche gilt für die zweite Stufe: die Fäden waren nicht nur zu kurz, sondern auch zu dünn, sie werden also gewebt und dadurch erst wird es ermöglicht, daß die natürliche Tauglichkeit der Wolle voll ausgenutzt wird. Der Wert der Wolle, insofern er für den Konsumenten auf ihrer Tauglichkeit zum Wärmen beruht, wird also durch die Arbeit nicht geschaffen, wohl aber wissen wir, daß die Arbeitskraft selbst ein Wert ist und dies für den, der sie verbraucht, also für den Produzenten und hieraus erklärt sich das Mißverständnis, als schaffe sie Wert da, wo sie nur als Ausgabe von Wert erscheint. Die Leinwand hat mehr Wert als die Wolle, weil neben dem Genußwert ihrer Tauglichkeit („Werturteil" S. 8 und S. 36) noch der Wert der aufgewendeten Arbeit steht, neben dem natürlichen Werte für die Befriedigung eines Bedürfnisses noch die Arbeitsleistung, ohne welche das Bedürfnis nicht befriedigt werden kann. Um mit Marx zu reden, hat jedes Produkt außer seinem Gebrauchswert einen Tauschwert, deren ersterer auf der natürlichen Tauglichkeit beruht, letzterer auf dem Aufwande von Arbeitskraft, der Arbeitsleistung.

Aber es ist hier zu beachten, daß wir jedem Produkte, nicht nur der Ware, diesen zweifachen Wert zusprechen müssen, daß sich also nicht die Ware vom Gebrauchswert dadurch unterscheidet, daß sie Tauschwert hätte. Und wenn wir hier auch den Ausdruck Tauschwert im Marxschen Sinne als Arbeitskraft auffassen, so müssen wir uns doch dagegen verwahren, daß es eine besondere abstrakte Arbeitsleistung sei, im Gegensatz zu einer andern, produktiven Arbeitsleistung, die nur die Gebrauchswerte, nicht die Waren beeinflußt.

Um das Nebeneinander beider Werte noch mehr zu veranschaulichen, sei gesetzt, daß der Stoff, aus welchem der Schneider einen Rock macht, seinen Wert als Gebrauchswert im Sinne von Marx hat. Aber schon bei diesem Stoffe liegt die Rechnung über den bisherigen Aufwand an Arbeitskraft und wenn dieser Stoff bei dem Schneider durch mehrere Hände geht, die ihn zuschneiden, nähen, plätten, so wird jeder Arbeiter dieser Rechnung einen neuen Ausgabeposten beisetzen über die Ausgabe von Arbeitskraft, die er gemacht hat, zunächst seinem Meister, dann dem Konsumenten erspart und die schließlich von diesem ersetzt verlangt wird. Gehen wir dem ganz auf den Grund, so hat keine Sache vor ihrem Verbrauche Wert, den Marx Gebrauchswert nennt, sondern nur Tauglichkeit, ein Wert zu werden, und das, was man bis zu ihrem Verbrauche den Wert der Sache nennt, ist nur die Ausgabe des Wertes Arbeitskraft durch den Produzenten. Das ist ja das Ergebnis, auf das Marx hinauswill: der Unterschied zwischen seinem Gebrauchswert und seinem Tauschwert, nur daß er von dem Begriff der Ware ausgeht und daneben noch die Arbeit in Gebrauchswert-schaffende und Tauschwert-setzende einteilt.

Nehmen wir als anderes Beispiel einen Apfel. Seine Tauglichkeit besteht darin, daß er als Nahrungsmittel oder Genußmittel dienen kann; wegen dieser Eigenschaften wird er vom Konsumenten bewertet, der nun auch bereit ist, Arbeitskraft auf die Erlangung des Apfels zu verwenden. Dem Verbrauche steht zunächst entgegen, daß der Apfel am Baume hängt und die erste Arbeitsleistung besteht darin, ihn zu pflücken. Ob diese Arbeit vom Konsumenten selbst oder von einem anderen vorgenommen wird, ist sowohl für die Tauglichkeit des Apfels wie für die Art der Arbeit ganz einerlei. Weitere Arbeitsleistungen besorgen die sachgemäße Aufbewahrung, Verpackung, Versendung und Feilhaltung. Schließlich findet sich der Konsument, dessen persönliche Arbeitsleistung nur noch darin besteht, den Apfel zu kaufen und zu essen. Kaufen ist hier die Vergütung der bisher aufgewendeten Arbeitsleistungen.

Nun könnte man sagen, bei diesem Beispiele scheine es ganz einleuchtend, daß die Arbeit der Tauglichkeit keinen Wert zusetze, indessen gelte das doch nicht für alle Produkte, wie denn z. B. für Taschenuhren oder Stühle die Wertsteigerung doch nicht zu leugnen sei. Stellen wir die Voraussetzungen des Problems klar heraus, so unterscheiden sich Apfel, Taschenuhr und Stuhl dadurch, daß bei dem ersten die natürliche taugliche Sache, die Frucht, unverändert bleibt, während sie, das Holz, beim Stuhl verändert erscheint und bei der Taschenuhr taugliche Sachen verschiedener Art verbunden sind. Setzen wir daher an die Stelle des Apfels das Apfelmus, so sind diese Unterschiede beseitigt, denn nun ist auch der Apfel bearbeitet und es sind andere taugliche Sachen, wie Zucker und dergl. dazugekommen. Für unsere Betrachtung ändert sich weiter nichts, als daß zwischen die taugliche Sache und ihren Verbrauch noch einige andere Arbeitsleistungen getreten sind und daß gegebenenfalls mehrere taugliche Sachen, deren jede denselben wirtschaftlichen Werdegang hat, verbunden sind. Die Tauglichkeit der Apfelmasse ist durchaus nicht geändert, sie ist nach wie vor Nahrungs- oder Genußmittel gerade wie die Zutaten, wohl aber sind einige Mängel der Tauglichkeit beseitigt: der Genuß des Apfelbreies ist noch angenehmer und bequemer als der des Apfels selbst. Die sonst erforderliche Tätigkeit des Konsumenten, ihn zu schälen und zu zerkleinern ist vorweggenommen. Der Apfelbrei ist teurer als der Apfel, weil dem Konsumenten auch diese Arbeitsleistungen erspart werden, nicht etwa weil seine natürliche Tauglichkeit verändert wäre.

Das Gleiche gilt für den Stuhl oder die Taschenuhr. Man kann sich den Stuhl ohne Lehne, die Uhr ohne Deckelglas vorstellen; beide werden so als mangelhaft empfunden, aber die auf die Stuhllehne oder das Deckelglas verwendete Arbeit verändert nicht die Tauglichkeit von Stuhl oder Uhr, sondern vermindert nur ihre Unbequemlichkeit. Wollen wir es scharf fassen: Die Tauglichkeit des Holzes besteht nicht nur darin, daß man wegen seiner natürlichen Widerstandsfähigkeit darauf sitzen kann, sondern auch darin, daß man sehr bequem darauf sitzen kann, und wie wir schon oben sagten, wird die obere Grenze der Tauglichkeit bei dem Zustande gezogen, in welchem sich die taugliche Sache befindet, wenn sie aus dem Produktionsprozesse ausscheidet (vergl. „Werturteil" S. 36: das Tauglichkeitswerturteil). Jeder Holzklotz kann zum Sitzen dienen, aber um bequem darauf sitzen, um seine Tauglichkeit voll ausnutzen zu können, muß er bearbeitet sein. Wir sagen also, daß die Arbeit keine Tauglichkeit schafft, sondern nur die vorhandene herausarbeitet. Es ist klar, daß ein gepolsterter Stuhl mit geschnitzten Beinen und bequemer Lehne mehr und andere Bedürfnisse befriedigt, als ein einfacher Küchenstuhl, aber ebenso klar sollte sein, daß die gesamte Tauglichkeit nur aus der natürlichen Tauglichkeit der Rohstoffe herausgeholt, nicht in sie hineingelegt worden ist. Bei den zusammengesetzten Sachen ändert sich hieran nicht das Geringste; es handelt sich da nur um das vereinigen von mehreren tauglichen Sachen zu einem neuen Ganzen, dessen Tauglichkeit nun aus der Gesamttauglichkeit aller einzelnen Teile besteht. In diesem Sinne können wir sagen, daß das Eisen die natürliche Tauglichkeit hat, die Zeit anzuzeigen, nämlich wenn man es zu einer Uhrfeder verarbeitet und mit anderen tauglichen Sachen in die zweckmäßigste Verbindung bringt. Es ist zweifellos, daß dem Eisen die Tauglichkeit der Elastizität innewohnt, nicht daß diese erst hineingelegt wird. Niemand kann solche Tauglichkeit da schaffen, wo sie nicht von Natur gegeben ist, und etwa aus Erde oder Bindfaden eine Uhrfeder machen.

Das alles bezieht sich aber nur auf die körperliche Arbeitsleistung. Etwas anderes ist es mit der geistigen Arbeit, durch welche die verschiedenen Tauglichkeiten erkannt und zweckdienlich verbunden werden. So ist die Taschenuhr gewiß etwas neues und in der Natur an sich nicht vorhandenes, aber das nicht weil körperliche, sondern weil geistige Arbeit darauf verwendet wurde. Nur gilt für die geistige Arbeitsleistung auf ihrem Gebiete sinngemäß dasselbe, wie für die körperliche, sie kann nur die in der Natur verborgenen, geheimen Zusammenhänge der Dinge ergründen und dem Menschen nutzbar machen; sie ist bestimmt und geeignet, das zu leisten, was die Natur gestattet, die körperliche Arbeit allein aber nicht bewältigen kann.

Wir wenden uns nun zu der Stellung, die Robinson dem gegenüber einnimmt. Ihm ist die Natur zur freien Verfügung gegeben, soweit seine Bedürfnisse es verlangen und seine Arbeitskraft es gestattet. Er bewertet die tauglichen Sachen nach Maßgabe des Verhältnisses zwischen Bedarf und Arbeitskraft (vergl. „Werturteil" S. 39), und für ihn steht die Bewertung als Bedarfsgut durchaus im Vordergrunde vor der Bewertung als Arbeitsleistung, weil diese letztere das natürliche und für ihn selbstverständliche Mittel ist, taugliche Sachen zu Bedarfsgütern zu machen. Der Grund hierfür liegt darin, daß er der Natur keine Arbeitsleistung zu vergüten braucht. Robinson übersieht das gesamte Produktionsverfahren als etwas nebensächliches, gerade wie jeder von uns sich in den meisten Fällen nicht bewußt wird, daß er Arbeit leistet, um konsumieren zu können. Nur in besonderen Fällen empfindet man den Genuß doppelt, weil man die vorausgegangene Arbeitsleistung besonders empfindet (man spricht da gern von „wohlverdient").

Wir sprachen oben (§ 2, S. 14) von zwei Kreisen, dem der Privatwirtschaft und dem der Volkswirtschaft; wir wollen sie jetzt als Konsumtionssphäre und Produktionssphäre bezeichnen. Wir sahen, daß in der Konsumtionssphäre die Bedarfsgüter als Ausgabe erschienen, die Zufriedenheit als Einnahme, es ist das der natürliche Gedanke des Menschen, die Güter der Natur zu seinem Wohlbefinden zu verbrauchen. In der Produktionssphäre dagegen erschien die Arbeitskraft als Ausgabe und das Bedarfsgut als Einnahme, und hiermit wurde der wirtschaftliche Gedanke des haushaltens und sich einrichtens verbunden. Wie der natürliche Mensch, so lebt der Staat nur in der Konsumtionssphäre, seine Bedürfnisse sind das allein maßgebende und die Mittel zu ihrer Befriedigung, die Bedarfsgüter, müssen so oder so beschafft werden. Aber der heutige Mensch, der Kulturmensch, lebt auch in der Produktionssphäre, er muß sich zuerst fragen, wie weit seine Arbeitskraft reicht und muß seine Bedürfnisse hiernach einrichten. Man drückt das gewöhnlich beides so aus, daß man sagt: beim einzelnen müsse sich die Ausgabe nach der Einnahme richten, beim Staat umgekehrt die Einnahme nach der Ausgabe. Freilich tritt heute auch beim Staat mehr und mehr der Gedanke in den Vordergrund, daß seine Ausgaben sich in den durch die Einnahmemöglichkeiten gezogenen Grenzen halten müssen. Auf alle Fälle stehen Robinson wie auch der Staat der Natur unbefangen als nehmende gegenüber, sie bewerten die tauglichen Sachen nur als Bedarfsgüter und hierin liegt der Grund, daß Marx die Arbeitsleistung des Produzenten zum Selbstkonsum überhaupt nicht als Arbeit, als abstrakte Arbeit, gelten läßt, wenn er (S. 7) sagt: „Wer durch sein Produkt sein eigenes Bedürfnis befriedigt, schafft zwar Gebrauchswert, aber nicht Ware."

In der heutigen Gesellschaftsform hat sich die Produktion von der Konsumtion getrennt und der Weg von der Natur, von der tauglichen Sache zum Genuß führt fast stets durch die Produktionssphäre. Nur in wirtschaftlichen Nebendingen, wie Blumensuchen und Beerenpflücken, steht der Konsument noch in einem unmittelbaren und unbefangenen Verhältnisse zur Natur, er nimmt, ohne die erforderliche Arbeitsleistung als solche zu würdigen. Im übrigen ist diese Arbeitsleistung jetzt die Hauptsache und erst an dem Punkte, wo die fremde Arbeitsleistung vergütet ist, das Bedarfsgut also aus der Produktionssphäre ausgeschieden ist, tritt man wieder in das natürliche Verhältnis, daß man die Vergütung vergißt und das Bedarfsgut nur als solches würdigt. Dagegen gilt in der Produktionssphäre das Bedarfsgut nur als Arbeitsleistung. So erklärt sich, daß der Produzent zu fremdem Konsum sein Produkt eben nur als Arbeitsleistung bewertet, es ist das Produkt, welches Marx eben wegen dieser Arbeitsleistung Ware nennt. So verstehen wir denn auch den Unterschied, den er zwischen Gebrauchswert und Ware macht. Hier ist nur darauf hinzuweisen, daß dieser Unterschied von ihm empfunden ist; es fragt sich, und diese Frage soll an andrer Stelle beantwortet werden, in wie weit ihn seine Empfindung richtig geleitet hat. Vorläufig genügt für unsere weiteren Untersuchungen die Feststellung, daß jedes Bedarfsgut ein Produkt ist, und daß wir das Produkt zu fremdem Konsum „Ware" nennen. Die Ware ist für uns nicht eine taugliche Sache (Gebrauchswert), verbunden mit abstrakter Arbeit, sondern eine taugliche Sache, deren Verbrauch von der Vergütung der darauf verwendeten Arbeit abhängig gemacht wird. (Der Produzent zum Selbstkonsum macht den Verbrauch nicht von solcher Vergütung abhängig, sondern er findet diese Vergütung in der Befriedigung seines Bedürfnisses.) Die Ware ist ein Produkt mit Tauschzweck.

Die Beurteilung des Produktes durch Robinson ist demnach ganz verschieden, je nachdem er es von der Konsumtionssphäre oder von der Produktionssphäre aus betrachtet. Von ersterer aus schätzt er nur die Tauglichkeit und setzt sie in ein Verhältnis zu dem zu vergütenden Aufwand an Arbeitskraft, genau so, wie er unmittelbar der Natur gegenüber die Tauglichkeit in ein Verhältnis zu der von ihm selbst aufzuwendenden Arbeitsleistung setzt; von letzterer aus schätzt er nur den Aufwand an Arbeitskraft, ohne die Tauglichkeit zu berücksichtigen, und das führt uns auf den Unterschied zwischen Kauf und Tausch. Beim Tausch werden Bedarfsgüter ausgetauscht (Marx sagt Gebrauchswerte), von Konsument zu Konsument; sie gehen von einer Konsumtionssphäre unmittelbar in die andere und der Tausch ist stets möglich, wo die Bedarfsgröße des einen Gutes gleich der des anderen geschätzt wird. Beim Kaufe dagegen werden Arbeitsleistungen ausgetauscht. Hier schätzt der Produzent den Wert des Gutes nur nach seinem Arbeitsaufwande und der Konsument schätzt nur den Aufwand, den er zu vergüten hat. Wohlbemerkt sind hier beide Beteiligte Robinsons. Der Produzent berechnet den Aufwand auf Grund des Bedarfsanteiles, der vorläufig durch die auf die bedarfsfremde Sache gerichtete Arbeit ungedeckt bleibt, der Konsument berechnet den verfügbaren Aufwand an Vergütung auf Grund des Bedarfsanteiles, den er mit diesem Produkte decken will (vergl. oben § 1 S. 5). Wir sehen daher, daß bei der Tauschmöglichkeit: 20 Ellen Leinwand gegen einen Rock nicht Arbeitsgrößen sondern Bedarfsgrößen ausgetauscht werden und daß der Schluß, die Arbeitsgrößen seien gleich, weil die Bedarfsgrößen austauschbar sind, falsch ist. Arbeitsgröße und Bedarfsgröße sind nur in der Privatwirtschaft jedes Robinsons gleich: der Tausch ist möglich, wenn Robinson A die 20 Ellen Leinwand, wie auch den Rock auf 100 ℳ schätzt, Robinson B beide nur auf 10 ℳ; aber der Kauf ist unter diesen Umständen nicht möglich. Hierüber ist bei der Betrachtung des Geldes mehr zu sagen.

§ 4.

Das Geld.

Wir haben in § 1 die Grenzen des Wertes gezogen und damit die der gesamten Volkswirtschaft, denn jede volkswirtschaftliche Frage läßt sich auf eine Frage nach dem Wert zurückführen; in § 2 haben wir das Subjekt, in § 3 das Objekt der Volkswirtschaft betrachtet und jetzt handelt es sich um die Beurteilung des Geldes als des allgemeinen Mittels im volkswirtschaftlichen Verfahren. Wie kam das Gold dazu, Geld zu werden, was ist die Aufgabe des Geldes und was leistet es als Mittel des Güteraustausches? Das sind die Fragen, auf welche wir die Antwort suchen.

Das Gold ist zunächst eine taugliche Sache. Marx stellt („Kritik der politischen Ökonomie" S. 156 ff.) die Eigenschaften zusammen, deren Gesamtheit das Gold wesentlich von den anderen tauglichen Sachen unterscheidet und seine Schätzung als Bedarfsgut verständlich macht. Wegen dieser Eigenschaften ist das Gold schon in den ältesten Zeiten ein sehr gesuchtes Bedarfsgut gewesen. Seine Seltenheit und seine Dauerhaftigkeit machten es zum Zeichen des Reichtums seines Besitzers und wir wollen den innern Grund hierfür so ausdrücken, daß sein Konsument genug Arbeitskraft besaß, um einen Teil davon auf die Befriedigung von Bedürfnissen zu verwenden, die nicht zur Notdurft des Lebens gehören, daß es also eine Art von Befriedigung höherer Bedürfnisse anzeigt und als Schmuckstück aller Welt erkennbar macht. Es unterliegt nicht dem Verderb und wird auch im Verbrauche fast nicht aufgezehrt. So ist es geeignet, ein dauerndes Zeichen des Reichtums zu sein und es wird zum Schatz. Wir nennen Schatz das Bedarfsgut, das jederzeit zur Verwendung bereit ist. So befriedigen in alten Zeiten goldene Becher, Ketten und Ringe oder Armspangen das Bedürfnis nach Schmuck und sind doch jederzeit verfügbar, um als Bedarfsgut weitergegeben zu werden.

Man sah jedoch, daß solche Schmuckstücke oft eine zu große Gegenleistung für irgend eine Leistung gewesen wären und begann, sie zu teilen. Das war möglich, weil das Gold in allen seinen Teilen qualitativ gleich ist (ebenfalls eine Tauglichkeitseigenschaft, die es vor anderen Dingen auszeichnet). So wurden die Leistungen je nach ihrer Bedeutung mit größeren oder kleineren Stücken des allgemeinen Bedarfsgutes Gold vergolten und es stand der ferneren Entwicklung nichts im Wege, daß man gewissen Teilen die Größe ihrers Gewichtes oder eine Verhältniszahl zu einem durchschnittlich anerkannten Gewicht aufdrückte. So entstanden Barren und Münzen. Aber wenn das Gold bis dahin Bedarfsgut gewesen war, so wurde es nun Äquivalent für Bedarfsgut. Es konnte diese Entwicklung nehmen, weil es ja selbst Bedarfsgut blieb und auch in der Gestalt von Münzen das Schmuckbedürfnis befriedigen konnte, ebenso auch noch als Schatz aufgespeichert werden konnte. Es wurde allgemeines Bedarfsäquivalent, weil es allgemeines Bedarfsgut war. Demnach ist in der vorkapitalistischen Zeit der Tausch ein Tausch von Bedarfsgut gegen Bedarfsgut, der Kauf ein Tausch von Bedarfsgut gegen Äquivalent von Bedarfsgut, wie denn der lateinische Name pecunia in seiner Beziehung zu pecus die Eigenschaft als Äquivalent für Vieh, also Bedarfsgut deutlich erkennen läßt.

Überblicken wir die wirtschaftlichen Verhältnisse unserer Zeit, so finden wir auch hier noch viele Fälle, in welchen das Gold als Äquivalent für Bedarfsgut verwendet wird. So, wenn den ländlichen Arbeitern ein halber Morgen Kartoffelland, ein Schwein oder ein gewisser Geldbetrag zugesichert wird; so auch, wenn den beurlaubten Dienstboten ein Kostgeld gewährt wird, offenbar als Äquivalent für Bedarf, und so überhaupt bei den meisten Hausangestellten, besonders auch deutlich zu erkennen in den Weihnachtsgeschenken, wenn sie nach Wahl in Geld oder in Gegenständen gewährt werden. Beiläufig bemerkt sind die Verhältnisse der Dienstboten ein Beispiel für die Richtigkeit des Satzes vom sichergestellten Konsum bei abgespaltener Produktion; es zeigt sich auch hier, daß die Konsumtionssicherheit durch einen von außen wirkenden Zwang zur Arbeit ergänzt werden muß.

Daher man denn diese Verhältnisse, wie die der Landarbeiter, patriarchalisch nennt. Es sind vernünftige Überbleibsel einer im wesentlichen vergangenen Zeit.

Wir haben das Gold als Äquivalent für Bedarf kennen gelernt und gesehen, daß man es je nach der Größe der zu vergütenden Leistung in beliebigen Teilen geben konnte. Vom Standpunkte des Leistenden aus ist das Verhältnis so, wie das von Robinson unmittelbar zu den tauglichen Sachen der Natur unter Ausschaltung der Produktionssphäre. Er nimmt das Gold als Bedarfsgut an, weil er weiß, daß er seinen Bedarf wenigstens mittelbar damit decken kann. Es ist aber noch der weitere Schritt zu tun, der zur Erkenntnis des Goldes als Äquivalent für Arbeitsleistung führt. Wenn man Arbeitsleistungen mit dem Äquivalent für Bedarf vergüten kann, und das Verhältnis zwischen beiden ganz genau regeln kann, weil beide in sich durchaus qualitativ gleich sind und beliebige Teilung gestatten, so ergibt sich ganz von selbst die Folgerung, das Geld unmittelbar als Äquivalent für Arbeitsleistung zu geben und zu nehmen. Das ist die Entwickelung der kapitalistischen Wirtschaftsform. Hier ist das kennzeichnende, daß das Gold durch die Produktionssphäre läuft und in ihr umläuft. Der erste Produzent erhält es als Bedarfsgut aus der Natur, er gibt es weiter als Äquivalent für Arbeitskraft, der Empfänger nimmt es als Äquivalent für Bedarfsgut usw.; immer ist es Äquivalent für Bedarf, wenn es eingenommen wird, Äquivalent für Arbeitskraft, wenn es ausgegeben wird, und so versinnbildlicht es in seiner Einheit die beiden Seiten des wirtschaftlichen Wesens Robinsons. Hieraus erklärt es sich, daß das Geld die überragende Stellung im wirtschaftlichen Leben einnehmen konnte, an der wir es sehen. Als Einheit von Bedarf und Arbeitskraft enthält es in der gleichen Menge gleich viel des einen und des anderen und zwar genau in der Menge, die dem wirtschaftlichen Verhältnisse des einzelnen angemessen ist. Es ist die Verkörperung des Arbeitswertes („Werturteil" S. 34 Anmerkung) und bietet deshalb den untrüglichen Maßstab für die Bemessung sowohl einer angebotenen Arbeitsleistung, als auch eines angebotenen Bedarfsgutes.

So sind „20 Mark" ein gesellschaftlich festgestelltes Verhältnis in dem Sinne, daß alle Zwanzig-Mark-Stücke die gleiche Menge Gold enthalten und in einem festen Verhältnisse zu den anderen Münzsorten stehen, sie sind aber für jeden je nach dessen Arbeitswert (oder Bedürfniswert, was hier dasselbe ist) verschieden viel wert. Ist der Arbeitswert täglich gleich 20 Mark so ist der Wert von 1 Mark viermal kleiner, als wenn der Arbeitswert gleich 5 Mark ist. Fragen wir uns nun, warum (Marx S. 59 Anmerkung) das Geld nicht die Arbeitszeit selbst repräsentiert, so ist die Antwort einfach: weil es keine gesellschaftliche Arbeitszeit geben kann, da der Arbeitswert bei jedem einzelnen verschieden ist. Die Arbeitsstunde hat den Wert von 0,5 Mark nur dann, wenn bei zehnstündiger Arbeit die Arbeitskraft gerade ausreicht, den Bedarf in Höhe von 5 Mark zu decken. Sie kann jeden anderen Wert haben.

Wenn das Gold Äquivalent von Arbeitskraft wird, so wird auch eine Ansammlung von Gold, ein Schatz dieses Äquivalent sein können und der Schatz als solches Äquivalent für Arbeitskraft heißt Kapital. Das Gold vereinigt nun die Vorzüge, die es als Schatz hat mit denen, die es als Äquivalent für Arbeitskraft hat. So wird es möglich, Arbeitskraft aufzuspeichern, d. h. sie auch dann zu verwenden, wenn sie nicht unmittelbar gebraucht wird, aber auch, sie dann auszugeben, wenn nicht unmittelbar lebendige Arbeitskraft zur Verfügung steht. In der Form von Kapital fesselt das Gold die flüchtige Arbeitskraft, in der Form von Schatz bewahrt es sie auf. Nun kann das Gold als Bedarfsgut ausgegeben werden, dann wird es getauscht, oder es kann als Arbeitskraft ausgegeben werden, dann vermittelt es den Kauf. Der Unterschied der kapitalistischen Gesellschaftsform von den früheren Formen besteht also darin, daß das Gold nun Äquivalent für Arbeitskraft ist. Man kann immer noch sagen, daß es als Arbeitskraft ausgegeben, als Bedarf eingenommen wird, aber die Vorstellung überwiegt schon beinahe, daß es auch als Arbeitskraft eingenommen wird; wenigstens ist das die Vorstellung von Marx, der das Gold zum Gelde werden läßt, weil es Ware (Gebrauchswert mit Tauschwert) sei, es würden abstrakte Arbeitsleistungen ausgetauscht. Hierüber ist später (§ 5) noch einiges zu sagen. Stellen wir unsere Erkenntnis mit der geschichtlichen Beobachtung zusammen, daß sich im Laufe der Zeit die Produktion von der Konsumtion losgelöst hat, daß sich damit auch der Produzent vom Konsumenten entfernt hat, so müssen wir sagen, daß diese Entwickelung nur dadurch möglich wurde, daß man ein Mittelprodukt fand, welches die Entfernung zu überwinden vermochte, eben das Geld. Der vom Konsumenten entfernte Produzent hat nun nur das Interesse, seine Arbeitsleistung in Geld vergütet zu erhalten, weil er dieses Geld überall in Bedarfsgüter umsetzen kann. Der Konsument aber setzt seine überschüssige Arbeitskraft in Geld um, und kann sie bis zu gelegener Verwendung aufbewahren. Voraussetzung hierfür ist nur, daß er überschüssige Arbeitskraft hat, daß diese groß ist, seine Bedürfnisse aber verhältnismäßig klein gehalten werden. Ob und wie dies geschieht, oder auch nur möglich ist, bestimmt sich wiederum ausschließlich in der Privatwirtschaft Robinsons, an der Stelle, wo Bedarfsgüter Ausgabe sind, also auf der der Produktionssphäre abgewandten Seite des wirtschaftlichen Verhältnisses, es ist eine höchst persönliche Erwägung und Entschließung auf dem sittlichen Gebiete. Hiermit gewinnen wir die moralische Rechtfertigung des Kapitals, ohne zu verkennen, daß seine Vorzüge auch die Quelle von schädlichen Folgen werden können. Wir haben uns hier nur mit Robinson zu befassen, der immer der Schöpfer seiner wirtschaftlichen Zufriedenheit ist. Er kann seine Bedürfnisse aus sittlichen Gründen einschränken, aber auch aus unsittlichen, wenn er etwa dem Geiz Gewalt über sich einräumt. Daneben gestattet die Dauerhaftigkeit des Kapitals auch eine Aufbewahrung und Verwertung über das eigene Verdienst hinaus, wegen des Erbrechtes, und schließlich ist es bei der sonst so glücklichen Verbindung von großem Wert mit geringem Gewicht leicht dem Diebstahl ausgesetzt. So ist nicht zu leugnen, daß gar mancher Kapitalist die aufgespeicherte

Leistung fremder Arbeit ausnutzt, aber man kann nicht behaupten, daß das Kapital immer und überall aus fremder, entwendeter oder erpreßter Arbeitsleistung bestehe.

Bei der Herausbildung der kapitalistischen Gesellschaftsform waren zunächst die Personen im Vorteil, die schon im Besitze eines Schatzes waren, sie konnten ihn ohne weiteres als Äquivalent für Arbeitskraft ausgeben. Aber die Vornehmen, die meist in dieser Lage waren, haben auch heute noch nicht gelernt, den Schatz nur als Kapital anzusehen; sie behandeln ihn glücklicherweise noch vielfach als Äquivalent für Bedarf und legen ihn in Bedarfsgütern an. Daher denn der Aufwand in fürstlichen Häusern nicht vom rein wirtschaftlich zweckmäßigen Standpunkte beurteilt werden darf, daher aber auch die Söhne großer Häuser eher gewohnt sind auszugeben, als zu verdienen. Sie sind darum nicht als Schmarotzer anzusehen, sondern in ihnen lebt noch vererbt das Gefühl jener Zeit, in welcher der Reichtum noch nicht Kapital, sondern nur Schatz war, er also als Bedarfsgut in seiner Substanz ausgegeben wurde. Daß hierzu noch viel gesagt werden könnte, leuchtet ein; wir müssen uns mit diesen Andeutungen begnügen.

Es bleibt zu erörtern, wie aus dem Schatze Kapital, aus dem Golde Geld wird. Man hat eine Münzsammlung, aber keine Geldsammlung, der Schatz wird ausgemünzt, das Kapital zu Geld gemacht, zum Schmucke dienen Münzen, nicht Geldstücke: so ist es gerechtfertigt, Schatz und Münze, Kapital und Geld in Parallele zu stellen. Wir sehen zunächst wieder: Die Alten hatten Münzen, wir haben Geld, bei jenen war die Münze Äquivalent für Bedarf, bei uns ist das Geld Äquivalent für Arbeitsleistung. Natürlich kann jede gangbare Münze als Geld verwendet werden, ebenso wie jedes Geldstück als Münze behandelt werden kann. So sprechen wir von Jubiläumsmünzen die Ausprägungen umlaufenden Geldes sind und überall als Geld genommen werden. Wir stellen uns hiernach vor, daß der Schatzbesitzer den Schatz in Münzen nach dem gangbaren Münzfuße vorrätig hat. (Münzfuß, weil der Fuß nach dem

Gehalt an Gold bestimmt wird, nach der Bedarfsgröße der Goldmenge.)

Wir sahen oben, daß bei der Trennung des Produzenten vom Konsumenten zunächst der Händler die so entstandene Lücke ausfüllte. Es konnte nicht ausbleiben, daß bald der Händler, der den Bedarf an Orten kennen lernte, die dem Produzenten unerreichbar waren, mit Produktionsaufträgen zu dem Produzenten kam, wie noch heute die Handelsreisenden nicht nur ihre Produkte absetzen wollen, sondern auch die Wünsche der Kundschaft zu ergründen suchen. So wurde der Produzent vom Händler abhängig. Aber der Händler konnte nicht selbst produzieren und es bildete sich zwischen Produzent und Händler der Stand der Unternehmer heraus, auf diesen ging die Abhängigkeit des Produzenten über und wie früher der Händler, so erscheint nun der Unternehmer nach der Seite des Produzenten als Zwischenkonsument, nach der Seite des Konsumenten als Zwischenproduzent. Mit der Zeit wurde die Stellung des alten Produzenten noch mehr herabgedrückt: Der Unternehmer wird selbst Produzent, der frühere Produzent wird Produktionsgehilfe, Lohnarbeiter. Die Ursachen dieser Entwicklung liegen zum Teil darin, daß der Unternehmer Kapital haben mußte, einen Vorrat von Äquivalent für Arbeitsleistung, weil die Vergütung für die auf das Produkt verwendete Arbeitsleistung selbst nicht gleich verfügbar war. Zum anderen und wesentlicheren Teile liegen die Ursachen aber darin, daß zum Unternehmer seine große geistige Arbeitskraft gehört, die Fähigkeit rechtzeitig für alle Erfordernisse der Produktion und des Konsums zu sorgen. Jedenfalls wurde der Unternehmer nach und nach selbst Produzent und der Lohnarbeiter sieht sich, wie früher schon vom Konsumenten, nun auch vom Produkt abgedrängt. Er hat kein unmittelbares Interesse mehr am Produkt, seine Arbeit hat für ihn nur den Zweck, seine Arbeitskraft in Äquivalent für Arbeitskraft und für Bedarf umzusetzen. (Vergl. S. 20). So ist den Interessen beider gedient: indem der Unternehmer die Münzen als Geld ausgibt, sein Kapital arbeiten läßt, nimmt es der Lohnarbeiter als

Äquivalent für Bedarf ein, um es als Äquivalent seiner eigenen Arbeitskraft auszugeben. So wechselt das Geldstück dauernd seine Äquivalentform, im Gegensatze zum Produkt, das stets nur Bedarfsgut ist. Von einer Metamorphose oder einem Saltomortale der Ware kann nicht die Rede sein. Auch der eben genannte Formwechsel des Geldes ist keine Metamorphose, ebenso wenig, wie es eine ist, wenn man das Geldstück erst von der einen, dann von der anderen Seite sieht. Es hat eben diese zwei Seiten und es ist ein Gauklerkunststückchen, hier dem staunenden Publikum eine Verwandlung vorzutäuschen.

Betrachten wir das Erörterte im Zusammenhange, so sehen wir auf der einen Seite die Natur mit allen tauglichen Sachen, auf der anderen unsern Robinson mit seinem Bedarf und seiner Arbeitskraft. Wir sehen, wie alle Bedarfsgüter unmittelbar in die Privatwirtschaft Robinsons eintreten und als solche im Tausche von einer Privatwirtschaft unmittelbar in die andere übertreten können. Hiervon ist das Gold nicht ausgeschlossen. Wir sehen weiter, daß der Produzent sich vom Konsumenten trennt und daß sich zwischen die Natur und den Konsumenten die Produktionssphäre einschiebt, die im Laufe der Zeit immer breiter wird. Nun müssen die tauglichen Sachen erst diese Sphäre, den Verwertungsprozeß durchlaufen: der Produzent nimmt dem Konsumenten die Arbeit der zweckmäßigen Anpassung an den Verbrauch ab und der Konsument braucht nur noch die Arbeitsleistung zu vergüten. Daß hierin ein wirtschaftlicher Vorteil für beide liegen muß, ist selbstverständlich, ebenso freilich auch, daß dieser Vorteil im Einzelfalle zum Nachteil des einen oder des andern ausschlagen kann. So sehen wir weiter, daß das Produkt seinen Weg von tauglicher Sache zu Bedarfsgut geradlinig durch den Produktionsprozeß hindurch nimmt, das Auge des Konsumenten sieht in ihm stets nur das Bedarfsgut, das, was Marx „Gebrauchswert" nennt. Der Produzent aber sieht darin nur die Ausgabe seiner Arbeitskraft, das, was Marx „Tauschwert" nennt. Dagegen läuft das Geld, welches als Bedarfsgut produziert wird, immer wechselnd als Äquivalent für Bedarf und für Arbeitsleistung in der Produktionssphäre um, und wir erkennen, daß die Unterscheidung der angeblichen Kreisläufe Ware-Geld-Ware und Geld-Ware-Geld auf unzureichender Beobachtung beruht.

§ 5.

Marx und die Ware.

Marx bezeichnet im Vorwort zur ersten Auflage seines Werkes „Das Kapital" als seine Aufgabe, die kapitalistische Produktionsweise und die ihr entsprechenden Produktions- und Verkehrsverhältnisse zu erforschen. An die Spitze des ersten Kapitels stellt er demnach den Satz: „Der Reichtum der Gesellschaften, in welchen kapitalistische Produktionsweise herrscht, erscheint als eine ungeheure Warensammlung, die einzelne Ware als seine Elementarform. Unsere Untersuchung beginnt daher mit der Analyse der Ware."

Diese Voraussetzung seiner Untersuchung ist in dreifacher Hinsicht falsch. Die Ware ist auch an sich schon für Marx keine Elementarform. In der „Kritik der politischen Ökonomie" S. 1 stellt sie sich ihm dar unter dem doppelten Gesichtspunkt von Gebrauchswert und Tauschwert, und im Kapital abstrahiert er S. 4 vom Gebrauchswerte und behält Krystalle abstrakter Arbeit übrig. Für Marx ist die Ware aus Gebrauchswert und Arbeit zusammengesetzt. Zweitens ist die Ware nicht die Elementarform des Reichtums, denn es gibt zahlreiche Bestandteile des Reichtums, die weder Waren sind, noch je solche gewesen sind. Zum dritten unterscheidet sich der Reichtum der kapitalistischen Gesellschaft weder begrifflich noch sachlich von dem irgend einer anderen Gesellschaftsform; nur seine Verteilung regelt sich auf anderer Grundlage. So zeigt sich schon im ersten Satze, daß nichts für die kapitalistische Produktionsweise grundlegendes aus der ganzen Erörterung herauskommen kann, und daß das, was als solches angeführt wird, nicht herausentwickelt, sondern hineingelegt worden ist. Der Grund für dieses völlige Versagen liegt darin, daß Marx glaubt (Einleitung zu einer Kritik S. XV), von der Produktion auf einer bestimmten gesellschaftlichen Stufe ausgehen zu können und daher das Verfolgen des geschichtlichen Entwickelungsganges nicht für nötig hält. Er sagt daselbst (S. XIII), gesellschaftlich bestimmte Produktion der Individuen sei natürlich der Ausgangspunkt. Wir haben diesen Ausgangspunkt als falsch erkannt und gesehen, daß der Produzent zum Selbstkonsum Ausgangspunkt jeder die Erkenntnis wirtschaftlicher Verhältnisse wirklich fördernden Untersuchung sein muß. So klar das auch von uns dargestellt sein dürfte, so können wir uns bei der Bedeutung, welche das Marxsche Werk nun einmal erlangt hat, der Aufgabe nicht entziehen, seinem Gedankengange nachzugehen und seine Fehler aufzudecken. Wir beginnen mit einer Analyse seiner Analyse der Ware.

Marx bezeichnet als Ware zunächst einen äußeren Gegenstand, der durch seine Eigenschaften menschliche Bedürfnisse befriedigt. Die Nützlichkeit dieses Dinges macht es zum Gebrauchswert, der sich nur im Gebrauche verwirklicht. Gebrauchswerte sind die stofflichen Träger des Tauschwertes und dieser beruht auf der Verausgabung oder Anhäufung menschlicher Arbeitskraft. Unter diesem Gesichtspunkte sind die Waren (Gebrauchswerte) Werte, Warenwerte und der Gebrauchswert hat nur einen Wert, weil abstrakt menschliche Arbeit in ihm vergegenständlicht ist.

Uns beschäftigt zunächst der Gebrauchswert, der als solcher keinen Wert hat, und wir untersuchen, wie Marx diesen Ausdruck sonst noch verwendet, wobei wir uns klar sind, daß Marx überhaupt keine Begriffsbestimmungen geben will. Immerhin muß er mit seinen Ausdrücken einen bestimmten Sinn verbinden.

I. Gebrauchswert ist ihm (S. 1) dasselbe wie Wertsubstanz. S. 2 sagt er, die Nützlichkeit eines Dinges mache es zum Gebrauchswert; nützlich sei ein Ding, S. 7, wenn es Gebrauchsgegenstand; die Nützlichkeit, S. 2, bestehe nicht ohne den Warenkörper; daher sei dieser selbst ein Gebrauchswert oder Gut. Die Gebrauchswerte bilden den stofflichen Inhalt des

Reichtums, welches immer seine gesellschaftliche Form sei. S. 9: Die Gebrauchswerte (oder Warenkörper) seien Verbindungen von zwei Elementen, Naturstoff und Arbeit; S. 5: ein Gebrauchswert oder Gut habe einen Wert (er meint Warenwert) nur, weil abstrakt menschliche Arbeit in ihm vergegenständlicht sei. Dagegen S. 7: ein Ding könne Gebrauchswert sein, ohne Wert zu sein, wenn nämlich sein Nutzen nicht durch menschliche Arbeit vermittelt sei. Ferner S. 7: wer durch sein Produkt sein eigenes Bedürfnis befriedigt, schafft Wert (aber keine Ware); sei das Ding nutzlos, also kein Gebrauchsgegenstand, so sei auch die darauf verwendete Arbeit nutzlos. Schließlich noch S. 2: Der Gebrauchswert verwirklicht sich nur im Gebrauch.

Hier finden wir den Gebrauchswert erläutert als das nützliche Ding, den Gebrauchsgegenstand; den Warenkörper; eine Verbindung von Naturstoff und Arbeit; ein Ding ohne daß Arbeit darauf verwendet wäre; ein Produkt zu eigenem Bedarf; als Wertsubstanz bezeichnet er einen Naturstoff als Träger von Wert. Obwohl die Gebrauchswerte den stofflichen Inhalt des Reichtums bilden, verwirklichen sie sich erst im Gebrauch. Wenn wir in diese Sätze die von uns entwickelten Begriffe einsetzen, so können wir statt Gebrauchswert bald sagen taugliche Sache, bald Produkt, bald Sachwert, bald Genußwert, schließlich auch Gebrauchswert und wir finden, daß Marx alle diese verschiedenen Begriffe lediglich vom Standpunkt des Konsumenten in den Begriff Gebrauchswert zusammenfaßt. Er unterscheidet nicht, daß die taugliche Sache etwas anderes ist, als das Produkt, auch nicht, daß sie als Sachwert vom Gebrauchswert verschieden ist, sondern er sieht im Gebrauchswert nur das Ding, wie es in den Verbrauch eingeht. Darin liegt sicher etwas Richtiges; es sei hier hervorgehoben: Dem Konsumenten kommt es zur Befriedigung seines Bedürfnisses lediglich auf die Tauglichkeit der Sache an und auch für unsere Untersuchung ist es in dieser Hinsicht einerlei, ob überhaupt Arbeitskraft auf sie verwendet wurde, und wieviel, für den Konsumenten handelt es sich nur um das Maß der Bedürfnisbefriedigung und für ihn verschwinden unter diesem Gesichtspunkte die Widersprüche, daß einmal die Verbindung von Naturstoff und Arbeit den Gebrauchswert schaffen soll, daneben aber nicht, wenn der Naturstoff (als Gebrauchsgegenstand oder nützliche Sache) von besonderer Art ist, daß dabei aber auch ein „Gebrauchswert" ohne menschliche Arbeit bestehen kann. Alles das trifft wirklich zu für den Genußwert und da wir den Durchschnitt der Genußwerte als Gebrauchswert bezeichnen, so ist auch hier die Benennung Gebrauchswert gerechtfertigt. Allein Marx betrachtet diesen nur vom Standpunkt des Konsumenten so richtig gesehenen Gebrauchswert vom Standpunkte des Produzenten, und von hier aus ist der Begriff Gebrauchswert unter keinen Umständen anwendbar. Den Produzenten interessieren die Naturstoffe nur insoweit, als sie taugliche Sachen sind und die Zweckmäßigkeit seiner Arbeit erkennen lassen. Hiernächst kommen sie für ihn nur als Produkte in Frage, als Sachwerte, für die er einen Konsumenten sucht. Marx hätte also hier den Ausdruck Gebrauchswert überhaupt vermeiden müssen. Da dies nicht geschehen, muß er den Unterschied, auf den es ankommt, in die Art der Arbeit legen und sie in Gebrauchswert-schaffende und Tauschwert-setzende Arbeit teilen.

Marx unterscheidet dreierlei Naturstoffe: solche, die als nutzlos auch die auf sie verwendete Arbeit nutzlos machen, solche, die ohne Arbeit Gebrauchswerte sind und solche, die erst in Verbindung mit Arbeit Gebrauchswerte werden. Für uns kommt nur ein Naturstoff in Betracht, die taugliche Sache, die zunächst Gegenstand der Produktion wird und die Art der Arbeit bestimmt (daß man Wolle spinnt, Eisen schmiedet usw.), dann aber Gegenstand des Verbrauchs wird, wo es nicht auf die Art der Arbeit, sondern auf die Art der Tauglichkeit ankommt. Marx unterscheidet zwei Arten von Arbeit, solche die Gebrauchswert schafft und solche die Tauschwert schafft. Er verkennt nicht, daß sein Gebrauchswert bald Arbeit enthält, bald nicht, aber er meint (S. 2), der Charakter der Nützlichkeit hänge nicht davon ab, ob die Aneignung viel oder wenig Arbeit koste. In der Tat ist die Tauglichkeit etwas von jeder Arbeit unabhängiges, aber gerade deshalb muß man sie begrifflich auch aus jeder Beziehung zur Arbeit lösen. Marx tut das jedoch nicht, sondern unterscheidet S. 7 ff. einen Doppelcharakter der in den Waren dargestellten Arbeit, und sagt, wie Rock und Leinwand qualitativ verschiedene Gebrauchswerte, so seien die ihr Dasein vermittelnden Arbeiten qualitativ verschieden. Das ist schon deshalb nicht allgemein gültig, weil es Gebrauchswerte gibt, deren Dasein nicht durch Arbeit vermittelt ist, es sind das die Naturstoffe und Marx rechnet dazu auch die Rohmateralien. Das Dasein der Gebrauchswerte wird also nicht durch Arbeit vermittelt, um so weniger, als jeder Gebrauchswert sich auf ein Rohmaterial zurückführen läßt. Wenn er aber ferner meint, in der Gesamtheit der Gebrauchswerte oder Warenkörper (der tauglichen Sachen) erscheine eine Gesamtheit ebenso mannigfaltiger, nach Gattung, Art, Familie, Unterart, Varietät verschiedener nützlicher Arbeiten, eine gesellschaftliche Teilung der Arbeit, so läßt er sich durch den Namen über die Sache täuschen. Allerdings sind die Äußerungen der Arbeitskraft verschieden, je nach ihrem Gegenstande, aber sie sind qualitativ gleiche Äußerungen der Arbeitskraft desselben Produzenten. Sie heißen nur anders, je nach dem Gegenstande, auf den sie verwendet werden, bei Bearbeitung des Eisens nennen wir sie schmieden, bei der des Garnes weben, bei der des Rockes schneidern, und all das wird ausgedrückt durch „zweckmäßige Anwendung" der Arbeitskraft. Die nicht zweckmäßige Anwendung ist auch Arbeitsleistung, aber sie ist vergebliche Ausgabe von Arbeit. Auch Marx setzt voraus, daß die Arbeit nützlich sein müsse, anderenfalls sie wirtschaftlich überhaupt nicht in Betracht komme. So ist es natürlich, daß wenn wir von Eisen reden, das Schmieden die zweckmäßige Arbeit ist, reden wir aber schlechthin von tauglicher Sache, so können wir uns gerade so, wie irgend eine taugliche Sache auch irgend eine dazu passende Arbeitsleistung vorstellen. Aber doch immer nur so, daß eben die Arbeitsleistung zweckmäßig ist, anderenfalls sie überhaupt nicht in Betracht kommt. So ist es richtig, (S. 9) daß das Dasein von Rock oder Leinwand eine spezielle zweckmäßige Tätigkeit voraussetzt, aber sie schafft keinen Gebrauchswert, dieser ist nicht in der Art der Arbeit begründet. Hier zeigt sich, daß die Anwendung des Ausdruckes Gebrauchswert sowohl für taugliche Sache, als für Produkt, als auch für Genußwert zu irrigen Schlüssen führt. Gebrauchswerte (Genußwerte), Rock, Leinwand usw., kurz die Warenkörper (die Produkte) sind „Verbindungen" von zwei Elementen, Naturstoff und Arbeit, und zieht man die Gesamtsumme aller Arbeit ab, so bleibt stets ein materielles Substrat übrig, das ist die taugliche Sache, die wegen ihrer Eigenschaften ein Genußwert und durch zweckmäßige Anwendung von Arbeit ein Produkt, Sachwert, wird. Ihr Gebrauchswert liegt nicht in der Arbeit, sondern in ihrer Tauglichkeit.

Wenn wir richtig unterscheiden wollen, müssen wir sagen, daß jedes Produkt einen durch die Arbeitsleistung bestimmbaren Wert hat, daß für die Wertbemessung aber beim Konsumenten die Rücksicht auf die Tauglichkeit der Sache, beim Produzenten die Rücksicht auf die Arbeitsleistung entscheidend ist, jenen Wert nennen wir Genußwert, diesen den Sachwert. Aber wir erinnern uns dabei, daß dieser Wert nicht lediglich an der Zeit gemessen wird, sondern daß er wesentlich durch das Verhältnis der Gesamtarbeitskraft zum Gesamtbedarf des Urteilenden bestimmt wird. Wir nennen dieses Verhältnis Arbeitswert, und so bestimmt sich zuerst die Größe des Arbeitswertes nach der Zeitdauer der Arbeitsleistung. So wäre schließlich zu sagen, daß der Tauschwert als das an der Zeit gemessene Verhältnis zweier Arbeitswerte erscheine; dies trifft aber nicht für den Tauschwert, sondern für den Preis zu.

Marx sagt ferner S. 4: „Sieht man vom Gebrauchswert der Warenkörper ab, so bleibt ihnen nur noch die Eigenschaft von Arbeitsprodukten." Dieses Absehen ist für Marx freilich nötig, da er sich unter Gebrauchswert eine Sache bestimmter Art vorstellt. Als Beispiele wählt er Tisch, Garn, Haus, wir selbst haben von vornherein schlechthin von tauglicher Sache gesprochen, für uns ist sie aber kein „Gebrauchswert", kein

Warenkörper, kein Arbeitsprodukt, sondern eben nur die eine Seite des Produktes. Seine sinnlichen Beschaffenheiten sind nicht ausgelöscht, sondern sie sind uns von vornherein unerheblich gewesen: es ist uns ganz einerlei, ob man sich unter der tauglichen Sache einen Tisch oder ein Haus vorstellt, denn es kommt darauf gar nichts an. Daher kommt auch nichts darauf an, ob das Produkt ein Ergebnis der Tischlerarbeit oder der Bauarbeit ist; für uns ist es selbstverständlich, daß das Produkt ein Ergebnis zweckmäßiger Arbeit ist, mag sie technisch so oder so genannt werden. Es verschwindet also auch nicht der nützliche Charakter der in ihnen dargestellten Arbeiten, sondern unter der Voraussetzung, daß die Arbeit zweckmäßig ist, verbirgt sich stets, daß sie nützlichen Charakter hat. Hat sie nämlich keinen, so kann man sie nicht zweckmäßig nennen. So werden schließlich auch die Produkte nicht auf die gleiche abstrakte menschliche Arbeit reduziert, sondern es tritt nur diese in den Vordergrund. Natürlich: wenn das Produkt ein Ergebnis von tauglicher Sache und Arbeit ist, und wir sehen von der Tauglichkeit der Sache ab, so tritt die Arbeit hervor, sehen wir von der Arbeit ab, so tritt die Tauglichkeit hervor.

Der Produzent sieht von der Tauglichkeit ab, und er sieht nur die Arbeitsleistung, der Konsument beurteilt das Produkt zunächst nach seiner Tauglichkeit; es ist ihm Gebrauchswert, nicht, weil es etwas kostet, sondern weil er es brauchen kann. Hier ist eine der Klippen für die Marxsche Lehre. Produzent und Konsument sind die Scylla und Charybdis, zwischen denen sie scheitert. Die Produkte sind Werte, Warenwerte, weil der Produzent Arbeit auf sie verwendet hat, sie sind daher Sachwerte. Sie sind Gebrauchswerte, Genußwerte, weil der Konsument ihre Tauglichkeit anerkennt. Die Produkte sind Träger sowohl des Gebrauchswertes (Genußwertes), als des Tauschwertes (Sachwertes), nicht aber sind die Gebrauchswerte Träger des Tauschwertes.

Die zwei Faktoren der Waren sind (nach Marx S. 1) Gebrauchswert und Wert. Es sind das aber auch die Faktoren des Produktes, wie wir sie bestimmt haben, nämlich taugliche Sache und Arbeitsleistung. Marx versteht hier unter Gebrauchswert die Wertsubstanz, also wirklich lediglich die taugliche Sache, die diesen Charakter nicht verliert, solange nur zweckmäßige Arbeit auf sie verwendet wird; sie kann auch ein Produkt sein, ein Halbfabrikat oder wie Marx es auch nennt, ein Stufenfabrikat. Den Wert, Warenwert, haben wir aber mit Marx als Arbeitsleistung bestimmt. So wäre Ware und Produkt dasselbe? Für uns gewiß, nicht so für Marx. Er meint, die Ware sei die Elementarform des Reichtums der Gesellschaft, in welcher kapitalistische Produktionsweise herrsche, Gebrauchswerte dagegen bilden den stofflichen Inhalt des Reichtums jeder Gesellschaftsform. Da hier beide Ausdrücke für Produkte verstanden werden müssen, finden wir, daß oben der Gebrauchswert ein Produkt ohne Wert ist, die Ware ein Produkt mit Wert. Wenn aber das Produkt die Faktoren Tauglichkeit und Arbeitsleistung hat, so hat es immer Wert, da zweckmäßige Arbeitsleistung vorausgesetzt ist, nämlich die, welche von Marx S. 4 produktive Arbeitsleistung genannt wird. In Wirklichkeit unterscheiden sich Ware und Produkt nur dadurch, daß die Ware ein Produkt zu fremdem Konsum ist, also nur durch ihren Zweck. Das Produkt hat ganz dieselben Faktoren, mag es zu eigenem oder zu fremdem Konsum bestimmt sein, aber nur im letzteren Falle nennen wir es Ware. Die Ware ist also ein Produkt, das seinen Konsumenten noch nicht gefunden hat, wohl aber einen Produzenten hat. Dieser bestimmt ihren Wert nach der von ihm aufgewendeten Arbeitsleistung; es fragt sich, wie ein Konsument ihren Wert bestimmt. Oder wir können auch sagen: Der Sachwert tritt in der kapitalistischen Gesellschaftsform unter dem Namen Ware auf.

Das Kennzeichen der kapitalistischen Gesellschaft wäre hiernach, daß sie Produkte zu fremdem Konsum herstellt. Das ist aber falsch, denn auch in der von Marx S. 45 geschilderten Gesellschaft freier Menschen werden Produkte hergestellt, von denen ein Teil von den Vereinsmitgliedern verzehrt wird, also in fremden Konsum eingeht. Wir müssen uns vorläufig damit begnügen, darauf aufmerksam gemacht zu haben, daß der Ausgangspunkt, die Analyse der Ware zur Kritik der kapitalistischen Gesellschaftsform von Marx falsch gewählt ist.

Zunächst haben wir uns noch mit der Ware und ihrem Tauschwert zu befassen. Kennzeichnend ist es, wenn Marx S. 7 sagt: „Ursprünglich erschien uns die Ware als ein zwieschlächtiges, Gebrauchswert und Tauschwert. Später hat sich gezeigt, daß auch die Arbeit, soweit sie in Wert ausgedrückt, nicht mehr dieselben Merkmale besitzt, die ihr als Erzeugerin von Gebrauchswerten zukommt." Ferner: „Kritik" S. 13: Die Schneiderarbeit produziert den Rock, aber nicht den Tauschwert des Rockes; letzteren nicht als Schneiderarbeit, sondern als allgemein abstrakte Arbeit. Er findet das Geheimnisvolle der Warenform S. 38 darin, daß sie den Menschen die gesellschaftlichen Charaktere ihrer eigenen Arbeit als gegenständliche Charaktere der Arbeitsprodukte zurückspiegele, daher auch das Verhältnis der Produzenten zur Gesamtheit als ein außer ihnen liegendes gesellschaftliches Verhältnis von Gegenständen. Daß das falsch ist, werden wir, soweit das gesellschaftliche Verhältnis in Betracht kommt, sogleich nachweisen, wenn wir die Wertform besprechen. Hier sei nur zusammenfassend hervorgehoben, daß die Ware allerdings zwei Faktoren hat, taugliche Sache und Arbeitsleistung, daß sie aber durchaus nichts zwieschlächtiges an sich hat. Sie ist ein einfaches Produkt mit Tauschzweck, welches seine Arbeitsseite dem Produzenten, die Tauglichkeitsseite dem Konsumenten zukehrt. So ist auch die Arbeit nichts zwieschlächtiges, sie ist nur subjektiv bei den einzelnen verschieden, insbesondere hat sie beim Produzenten einen anderen Arbeitswert — im oben erläuterten Sinne — als beim Konsumenten. Man kann nicht abstrakte Arbeit als Quelle des Tauschwertes und konkrete Arbeit, insofern sie Gebrauchswerte hervorbringt („Kritik" S. 12), unterscheiden. Marx glaubt diesen Unterschied zu brauchen, weil sich ihm der Tauschwert als ein gesellschaftliches Verhältnis darstellt, allein es handelt sich gar nicht um ein gesellschaftliches Verhältnis der

Produzenten zur Gesamtheit, welches der Tauschwert widerspiegelt, sondern es handelt sich um das höchstpersönliche Verhältnis der Einzelarbeitsleistung zur Gesamtarbeitskraft. Beim Produzenten zum Selbstkonsum ist dieses Verhältnis einheitlich, weil der Sachwert dem Genußwert gleich ist, beim Produzenten zu fremdem Konsum ist es nur einseitig, weil der Sachwert für ihn keinen Gebrauchswert hat. Hinter diesem Sachwerte stehen andere Bedürfnisse, als dies Produkt befriedigen kann. Die Schneiderarbeit produziert den Rock, denn sie ist zweckmäßige Arbeit und jahrhundertelang haben die Menschen geschneidert, ehe es Schneider gab. Auch damals war der Rock ein Produkt aus tauglicher Sache und zweckmäßiger Arbeit, und er konnte schon damals ausgetauscht werden. Er war aber keine Ware, weil er nicht den Tauschzweck hatte; jetzt ist er eine Ware und der Unterschied liegt nicht in der Arbeit, sondern darin, daß ihn der Produzent mit anderen Augen ansieht, als der Konsument.

II. Wir wenden uns nun zu der Behauptung, die Ware erscheine als Elementarform des Reichtums. Wir selbst sehen die Ware als eine Elementarform an, aber die Behauptung von Marx ist gerade so richtig, als wenn er sagte, der Pfennig sei die Elementarform des Talers. Die Ware — im Sinne von Marx — ist ein quantitativ bestimmter Teil des Reichtums, den man hier ebenfalls als Gebrauchswert mit Tauschwert bestimmen muß. Natürlich ist es eine rein äußerliche Auffassung, den Reichtum als eine ungeheure Warensammlung anzusehen, aber immerhin läßt sich sagen, daß die Waren Teile des Reichtums seien. Dagegen wäre der Schluß falsch, daß nur die Gebrauchswerte mit Tauschwert Teile des Reichtums sein könnten. Marx sagt S. 7: Ein Ding kann Gebrauchswert sein, ohne Wert zu sein. Es ist dies der Fall, wenn sein Nutzen für den Menschen nicht durch Arbeit vermittelt ist. So Luft, jungfräulicher Boden, natürliche Wiesen, wildwachsendes Holz usw. Ein Ding kann nützlich und Produkt menschlicher Arbeit sein, ohne Ware zu sein. Wer durch sein Produkt sein eigenes Bedürfnis befriedigt, schafft zwar Gebrauchswert, aber nicht

Ware. Alle die hiermit bezeichneten Gegenstände sind keine Waren, wohl aber ganz wesentliche Teile des Reichtums. Sobald wir aber dies zugestehen, können wir den Reichtum nicht mehr als Gebrauchswert mit Tauschwert bestimmen, und damit entfällt wiederum die Möglichkeit, die Ware als seine Elementarform anzusehen.

Wir haben die Ware ein Produkt mit Tauschzweck genannt und als Faktoren des Produktes taugliche Sache und Arbeitsleistung bestimmt. Sie sind nicht Faktoren in dem Sinne, wie bei $2 \times 2 = 4$ die beiden Zweien für die Faktoren des Produktes 4 gehalten werden, sie gehen also nicht eine Verbindung ein, deren Ergebnis das Produkt ist, sondern sie sind Faktoren in dem Sinne, als ob die beiden Zweien der eine Faktor, das materielle Substrat wären und der andere Faktor die Denk- oder Rechentätigkeit wäre, welche aus diesem Material ein Produkt macht. Wir gebrauchen den Ausdruck Produkt, weil er für bearbeitete Sachen üblich ist, allein wir verwahren uns gegen die Auffassung, als handle es sich um eine Verbindung von Sache und Arbeitskraft, als könne man durch Abstraktion der Sache den Anteil Arbeitskraft ermitteln. Davon kann keine Rede sein. Krystalle abstrakt menschlicher Arbeit kann es nicht einmal in der Vorstellung geben. Dies vorbemerkt, so ist die „taugliche Sache" gewiß eine Elementarform, da wir von allen Verschiedenheiten und natürlichen Eigenschaften absehen können. Diese alle sind durch das Wort „tauglich" gedeckt, aber auch begrenzt. Daneben besagt der Begriff taugliche Sache nichts über das Maß der aufgewendeten Arbeit, so daß unter ihn sowohl völlig unbearbeitete Naturgegenstände als auch die künstlichsten Bedarfsgüter fallen. So würden denn die tauglichen Sachen die Elementarform des Reichtums sein, aber nicht, weil sie Sachen sind, sondern weil sie tauglich sind. Eine verbrannte Suppe ist auch eine Sache, aber keine taugliche und daher kein Teil des Reichtums.

Sonach fällt auch der Reichtum als solcher unter den Begriff der tauglichen Sache. Aber wenn wir bedenken, daß Reichtum nur darum Reichtum ist, weil er dem Konsumenten als Bedarfsgut dienen kann, so erinnern wir uns, daß wir dasselbe schon für die taugliche Sache feststellten, als wir sagten, die tauglichen Sachen seien an sich wertlos, wenn ihnen nicht ein Bedürfnis des Konsumenten und die Fähigkeit, sich die Sache anzueignen entgegenkäme. So müssen wir den Begriff des Reichtums dahin ergänzen, daß er die Fähigkeit konsumiert zu werden mit einschließt. Einfacher ausgedrückt gehören zum Reichtum nicht nur die tauglichen Sachen, sondern auch die Arbeitskraft; dies beides sind die Elemente des Reichtums, genau wie sie die Elemente der Bedürfnisbefriedigung sind. Reich ist daher nicht der, welcher viele taugliche Sachen besitzt, sondern der, welcher auch die Arbeitskraft aufbringen kann, diese Sachen zur Befriedigung seiner Bedürfnisse zu verarbeiten; andrerseits ist auch der nicht reich, welcher eine große Arbeitskraft hat, wenn ihm die tauglichen Sachen fehlen, sie auszunutzen. Der Reichtum setzt sich stets aus diesen beiden Elementen zusammen, aber, und hiermit kommen wir zum dritten Punkt, es ist nicht nur der Reichtum der kapitalistischen Gesellschaft, der sich so zusammensetzt.

III. Marx sagt S. 2, Gebrauchswerte bildeten den stofflichen Inhalt des Reichtums, welches immer seine gesellschaftliche Form sei; in der kapitalistischen Gesellschaftsform bildeten sie zugleich die stofflichen Träger des Tauschwertes. Das soll heißen, daß sich der Reichtum dieser Gesellschaftsform von dem jeder anderen durch den Gehalt an Tauschwert, an abstrakter Arbeitskraft unterscheide. Wir haben zur Genüge dargetan, daß die Ware nur ein Produkt mit Tauschzweck ist. „Ware" ist nicht die Bezeichnung für eine wesensbesondere Art der Produkte, sondern nur der Name für eine bestimmungsbesondere Art. Sonach würden sich die Unterschiede des Reichtums in dieser oder jener Gesellschaftsform darauf zurückführen lassen, daß er sich in der einen aus Produkten zusammensetze, deren Bestimmung sei, ausgetauscht zu werden, in der anderen aber aus Produkten ohne diese Bestimmung. Die Folge dieser Unterscheidung würde sein, daß in jener Gesellschaftsform jedes Produkt aufhörte ein

Teil des Reichtums zu sein, wenn es seinen Konsumenten gefunden hätte, aus dem Produktionsverfahren ausgeschieden wäre, und die weitere Folge, daß der Reichtum um so kleiner würde, je mehr Güter konsumiert würden. Das ist offenbar falsch. Aber Marx will nicht darauf hinaus, sondern, wie sich S. 45 zeigt, will er den Unterschied der Gesellschaftsformen, auf die es hier ankommt, darin sehen, daß in der kapitalistischen Gesellschaftsform die Produkte auf Grund privater Arbeitsleistung nach Maßgabe ihres Gehaltes an abstrakter Arbeit privatim ausgetauscht werden, während sie in der Gesellschaft freier Menschen gesellschaftliche Produkte bleiben sollen. Er läßt es dahin gestellt, nach welchem Maßstabe dort ihre Verteilung vor sich gehen solle, aber es ist kennzeichnend, daß er „nur zur Parallele mit der Warenproduktion" voraussetzt, der Anteil jedes Produzenten sei durch seine Arbeitszeit bestimmt (die ihm als Maßstab der Arbeitsquantität dient; S. 5).

Worin besteht dann aber der Unterschied beider Gesellschaftsformen? Doch nur darin, daß in der kapitalistischen Gesellschaft die Produkte privatim, in der Gesellschaft freier Menschen aber gesellschaftlich unter Zugrundelegung der Arbeitszeit verteilt werden. Die Gesellschaft „freier" Menschen ist daher nur in demselben Sinne frei, wie der freie Arbeiter, S. 131, der zwar über seine Arbeitskraft frei verfügt, aber über die Produkte nicht zu verfügen hat, los und ledig, frei ist von allen zur Bedarfsdeckung (Marx sagt zur Verwirklichung seiner Arbeitskraft) nötigen Sachen. Aber auch das meint Marx mit der Gesellschaft „freier" Menschen offenbar nicht, folglich ist seine Parallele S. 45 irreführend. Die Gesellschaft freier Menschen wäre nur wirklich frei bei der Produktionsfreiheit mit gesichertem Konsum, (was wir oben § 3 als patriarchalische und überwundene Gesellschaftsform kennen gelernt haben). Maßstab der Verteilung könnte nur das Bedürfnis sein, wie das denn auch in der Agitation so hingestellt wird, aber Marx hat begreiflicherweise nicht den Mut, das auszusprechen und sagt nur vorsichtig, die Art der Verteilung werde wechseln mit der besonderen

Art des gesellschaftlichen Produktionsorganismus selbst und der entsprechenden geschichtlichen Entwickelungshöhe des Produzenten. Dabei kann sich jeder denken, was er will.

IV. Was ist das Ergebnis dieser Erörterung? Marx hat den Begriff der Ware falsch gefaßt, er hat das Verhältnis des Produkts zum Reichtum und infolgedessen den Begriff des Reichtums falsch gefaßt und er hat den Unterschied zwischen der kapitalistischen Gesellschaft und der Gesellschaft freier Menschen falsch und außerdem irreführend dargestellt. Hier soll bemerkt sein, daß die Gelehrsamkeit von Marx, wie auch seine subjektive Gewissenhaftigkeit voll anerkannt und nirgends bezweifelt werden sollen. Allein sein Werk ist zu so großer Bedeutung gelangt, daß ihm ein großer Teil der Schuld an dem Unheil zugerechnet werden muß, den sein „Kapital" angerichtet hat. Die Rechtfertigung dieses Urteils finden wir darin, daß Marx der objektiven Gewissenhaftigkeit entbehrt. Er war der Überzeugung, daß alles wirtschaftliche Elend dem Kapitalismus zur Last falle und er ging mit der Absicht an sein Werk, diese Überzeugung wissenschaftlich zu begründen. Dabei unterliefen ihm tatsächlich falsche Voraussetzungen, die er gutgläubig hinnahm, weil sie seiner Überzeugung zu entsprechen schienen, und so baut er mit vieler Mühe und in den verzwicktesten Gedankengängen das System auf, das jeder anderen tatsächlichen Begründung entbehrt, außer der, daß es in der heutigen Gesellschaftsform nicht überall zum Besten bestellt ist.

Auch wir wollen es unternehmen, einen Blick in die Zukunft zu tun, zumal dieser Ausblick uns ebenso Grundlagen für die weiteren Erörterungen zu geben vermag, wie sie uns der Rückblick in die Vergangenheit bot. Wir sehen unseren Robinson, den Produzenten zum Selbstkonsum als den unverrückbaren Punkt in der Erscheinungen Flucht und wir wissen, daß sein Konsum durch seine Produktionsfähigkeit bedingt ist. Wir wissen auch, daß hier natürliche Unterschiede bestehen, die durch keine Gesellschaftsform beseitigt werden können. Dagegen ist es möglich, diese Unterschiede etwas auszugleichen. Der wünschenswerteste Zustand wäre freier Konsum bei freier Produktion. Die freie

Produktion haben wir schon, sie wird mit Vorliebe „anarchische Produktion" genannt, den freien Konsum haben wir auch, er heißt „Ausbeutung". So zeigt sich, daß die Freiheit auf beiden Seiten durch einen stärkeren Zwang gebunden werden muß; auch dieses Ideal kennen wir schon, es heißt „Zuchthausstaat".

Wie schon diese Schlagworte zeigen, handelt es sich überall um Übertreibungen, und diese sind möglich, weil die wahre Ursache der heutigen Zustände nicht erkannt ist. Sie liegt in folgendem: Dadurch, daß es möglich wurde, Arbeitskraft zu verkörpern, wurde es auch möglich, daß irgend ein Robinson über viel mehr Arbeitskraft verfügte, als ein anderer, und so diesem gegenüber in unverhältnismäßigen wirtschaftlichen Vorteil kam. Die Möglichkeit, Arbeitskraft anzusammeln, ist doppelt: die eine liegt in den natürlichen Verschiedenheiten der Veranlagung der Menschen in dem Sinne, daß der Fleißige und der Bedürfnislose leichter wirtschaftlich vorwärtskommen, als der Faule oder der Genußsüchtige. Aber diese Unterschiede bewegen sich nicht in allzu weiten Grenzen. Die andere Möglichkeit ist die, durch private Ausnützung von tauglichen Sachen und natürlichen Kräften die eigene Arbeitskraft zu steigern. Da diese Naturgüter nicht dem einzelnen gegeben sind, ist es unbillig, daß der einzelne allen Vorteil von ihnen habe. Auf Grund dieser Erwägung wird das Problem so gefaßt, daß das Kennzeichen der zukünftigen Gesellschaftsordnung in der „Vergesellschaftung der Produktionsmittel" zu finden sein müsse. Das würde in der Tat zutreffen, und auch einen gangbaren Weg anzeigen, wenn in diesem Schlagworte der Begriff der Produktionsmittel richtig gefaßt würde. Wir können dem hier noch nicht näher treten, und kennzeichnen den Zukunftsstaat vorläufig so, daß wir sagen: Möglichst freie Produktion mit entsprechendem Konsum, letzteren zum Teil gewährleistet durch gesellschaftliche Ausbeutung der Naturkräfte. Wir setzen das Ideal der kleinen Geister daneben: freier Konsum auf Grund gesellschaftlicher Ausbeutung bei möglichst kurzer Arbeitszeit.

Zunächst aber kehren wir zu Marx zurück.

§ 6.

Tausch und Kauf.

Bei der Betrachtung der Ausführungen von Marx über die Wertform (S. 15 ff.) müssen wir uns bewußt sein, daß Marx unternimmt, „zu leisten, was von der bürgerlichen Ökonomie noch nicht einmal versucht ward, nämlich die Genesis der Geldform nachzuweisen." Wenn man daher seine Ergebnisse als richtig anerkennt, so müssen auch seine Voraussetzungen als richtig gelten. Wir beschränken uns darauf, diese Voraussetzungen näher zu beleuchten.

Marx sagt S. 14, das einfachste Wertverhältnis sei offenbar das Wertverhältnis einer Ware zu einer einzigen verschiedenartigen Ware. Hier zielt er schon auf das Geld, als dieser einzigen Ware, und wenn er beisetzt „gleichgültig welcher", so geschieht das nur, um seine folgenden Erörterungen möglich zu machen. Sie sind alle nur richtig, wenn wir eben das Geld als diese einzige verschiedenartige Ware annehmen.

Die einfache, einzelne oder zufällige Wertform wird in der Gleichung dargestellt: x Ware A = y Ware B, oder x Ware A = y Ware B wert. (20 Ellen Leinwand = 1 Rock oder 20 Ellen Leinwand sind 1 Rock wert.) In dieser einfachen Wertform stecke das Geheimnis aller Wertform. Wir lüften den Schleier dieses Geheimnisses durch die Frage: F ü r w e n sind 20 Ellen Leinwand einen Rock wert? Wir können die Werte nur vergleichen, wenn sie sich im wirtschaftlichen Leben gegenübertreten. Hier stehen Ware und Ware einander gegenüber, die Wertgleichheit zeigt sich also im Austausche, oder doch in dessen Möglichkeit. Wir haben aber schon gesehen, daß im Tausche nicht Arbeitsleistungen, sondern Bedarfsgüter (Marx würde sagen Gebrauchswerte) ausgetauscht werden, dagegen im Kaufe Arbeitsleistungen. Diese einfache Wertform kann also nur dann auf die Bewertung von Arbeitsleistungen führen, wenn wir das Tauschbeispiel in ein Kaufbeispiel umwandeln. Wenn wir sagen, 20 Ellen Leinwand sind 20 ℳ wert und ein Rock ist auch 20 ℳ wert, so kann man daraus folgern, daß 20 Ellen Leinwand einen Rock wert sind, und es ist natürlich sehr einfach, diese zwei Kaufgleichungen in eine Tauschgleichung zu bringen, sie aufzulösen und dann als gemeinsames Maß den Geldwert zu finden.

Wir sagen also, daß wenn im Tausche 20 Ellen Leinwand gleich einem Rocke gelten, nicht die Arbeitsleistung das Gleichsetzende ist, daß sich hieraus überhaupt nichts für die Erkenntnis der Genesis der Geldform ergeben kann. Wir gehen wieder von unserem Robinson aus und setzen Robinson A als Besitzer der Leinwand, Robinson B als Besitzer des Rockes. Wir sehen schon, daß sich beide Güter gar nicht im Produktionsverfahren befinden, es sind gar keine Waren, keine Bestandteile des Reichtums (nach Marx), sondern es sind lediglich „Gebrauchswerte", denn Waren sind „Gebrauchswerte für Andere" (S. 7), sie sind Produkte zu fremdem Konsum. Was aber für „Gebrauchswerte" richtig sein kann, braucht darum für „Waren" noch nicht richtig zu sein. Im Tausche treten sich A nnd B also nicht als Produzenten, sondern als Konsumenten gegenüber, genau so, wie Robinson der Natur als Konsument gegenübertritt, wenn der Weg von ihm zur Natur nicht durch die Produktionssphäre gesperrt ist. Wir können wohl sagen, daß es sich hier wie dort nicht sowohl um Produktion, als um Aneignung handelt. Im innerwirtschaftlichen Leben ist natürlich die Aneignung auch Produktion, weil sie mit Aufwand von Arbeitskraft erfolgt, und der Unterschied ist nur der, daß die Natur *ihre* Arbeitsleistung bei Hervorbringung der tauglichen Sache nicht vergütet verlangt, daher denn die natürlichen tauglichen Sachen mit Recht als wertlos gelten; die Natur schenkt. Im Tausche beurteilen A und B den Wert der Tauschgegenstände also durchaus nicht nach der darauf verwendeten Arbeitsleistung, sondern nur nach ihrer Bedarfsgröße, sie schätzen nicht den Arbeitswert, sondern den Bedürfniswert („Werturteil" S. 34 Anmerkung) des anderen Gutes und wenden zu seiner Erlangung keine Arbeitskraft auf, sondern sie verzichten auf die Befriedigung des bisherigen Bedürfnisses (oder auch kann das Bedürfnis aufgehört haben, ein solches zu sein).

Immerhin braucht dabei das eigene Gut nicht wertlos geworden zu sein. In den meisten Fällen und besonders hier, wo Produkte sich gegenüberstehen, hat auch das eigene Produkt den Wert einer Arbeitsleistung, aber diese wird nicht mehr nach dem Arbeitswerte unmittelbar berechnet, sondern von dem Bedürfniswerte des fremden Gutes her übertragen.

Wir wissen, daß Arbeitswert und Bedürfniswert beim Produzenten zum Selbstkonsum stets die gleiche Größe haben, weil hier ihre Faktoren dieselben sind und das Exempel nur von der anderen Seite her angestellt wird, gerade wie $2 \times 3 = 6$ ist, aber auch 3×2. Dieses Exempel kommt im Einmaleins sowohl bei der 2, wie auch bei der 3 vor, es sind also verschiedene Rechnungsweisen, die aber wegen der Gleichheit der Faktoren zu demselben Ergebnisse führen müssen. So mag also die Leinwand einen Arbeitswert haben, welchen sie will, sie kann mit dem Rocke getauscht werden, wenn A deren Bedürfniswert gleich dem Arbeitswert des Rockes setzt. (Hier wie überall ist zu beachten, daß das Gesagte auch dann gilt, wenn der Arbeitswert kleiner ist, als der Bedürfniswert, wir nehmen nur der Einfachheit halber die Gleichheit an). Wenn also für A der Arbeitswert der Leinwand gleich 10 ist und der Bedürfniswert des Rockes auch gleich 10, so kann er tauschen. Wenn für B der Arbeitswert des Rockes und der Bedürfniswert der Leinwand je gleich 100 sind, so kann er auch tauschen, und wenn beide zusammentreffen, so können sie tauschen, obwohl die Werte beider Güter von beiden übers Kreuz verschieden geschätzt werden. Bei A steht die Leinwand mit 10, bei B mit 100 zu Buche; aber sie stehen auf verschiedenen Seiten, jene auf der Ausgabenseite, dieser auf der Einnahmeseite; es ist nötig, daß der Rock bei A mit 10, bei B mit 100 zu Buche steht, hier bei A auf der Einnahmeseite, bei B auf der Ausgabeseite. Wenn daher Leinwand und Rock getauscht werden, so nicht, weil auf beide die gleich große Arbeitsleistung verwendet wäre, die kann sehr verschieden sein, sondern weil jeder der Tauschenden den Arbeitswert des eigenen Gegenstandes dem Bedürfniswerte des fremden gleichsetzt.

Geben wir ein Beispiel: In einer belagerten Stadt werden Nahrungsmittel mit Gold aufgewogen. Man beachte das „Gold". Es heißt nicht, sie würden mit Geld aufgewogen, weil nicht der Arbeitswert, sondern der Bedürfniswert das Entscheidende ist. „Gold" gilt hier als Bedarfsgut im Gegensatze zu Geld, dem Äquivalent für Arbeitsleistung. Man kann hier nur uneigentlich, mit einer gewissen Nachlässigkeit im Sprachgebrauch davon reden, daß in solchem Falle die Nahrungsmittel „gekauft" würden: sie werden eingetauscht und der unwillkürliche Sprachgebrauch läßt das deutlich erkennen. „Mit Gold aufwiegen" ist immer Tausch und stammt aus der vorkapitalistischen Zeit. Oder ein anderes Beispiel: Der Frierende gibt seine goldene Uhr für einen warmen Mantel hin. Der Sachwert der Uhr wird größer sein, als der des Mantels, aber gezwungen von seinem Bedürfnisse nach Wärme, setzt der Uhrbesitzer diesen Sachwert, der bei ihm kein Bedürfniswert mehr ist, dem Bedürfniswert des Mantels gleich, er drückt den Uhrwert herab, oder auch er schätzt den Bedürfniswert des Mantels um so viel höher, als seinen Sachwert, bis er dem Sachwert der Uhr gleichkommt. Die Beispiele ließen sich leicht vermehren, sie kennzeichnen sich vielfach dadurch, daß die Dringlichkeit des Bedürfnisses („Werturteil" S. 27) alle anderen Erwägungen unterdrückt, und sozusagen unwirtschaftliche Schätzungen ermöglicht.

In seiner Ballade „Der Sänger" läßt Goethe den König dem Sänger eine goldene Kette anbieten, die dieser zurückweist. Wie liegen hier die Dinge rein wirtschaftlich genommen? Der König hört den Sänger draußen vor dem Tore singen und empfindet das Bedürfnis, den Gesang im Saale zu hören. Der Sänger findet sich bereit, das Bedürfnis des Königs zu befriedigen. „Der König, dem das Lied gefiel, ließ, ihn zu ehren für sein Spiel, eine goldene Kette holen." Der Sänger meint, „das Lied, das aus der Kehle dringt, ist Lohn, der reichlich lohnet" und bittet um den besten Becher Weins. Der Sänger war kein berufsmäßiger Künstler, sondern, wie wir sagen würden, ein Dilettant. Der Künstler nämlich ist Produzent für fremden

Bedarf, der Dilettant ist Produzent zum Selbstkonsum, dieser findet seinen reichlichen Lohn im Gesange selbst. Der Gesang, den der König zuerst hörte, war ein Gesang zum eigenen Vergnügen, ohne Rücksicht auf die etwaigen Zuhörer. Wenn ein berufsmäßiger Sänger gesungen hätte, würden wir den Gesang vor dem Tore als „bemusterte Offerte" bezeichnen können. Doch nehmen wir an, es handle sich um einen berufsmäßigen Sänger. Unter dieser Voraussetzung muß sich das Verhalten des Königs ändern. Dem Dilettanten („Dilettant" braucht ja nicht zu besagen, daß die Musik schlecht sei), ließ er die Kette anbieten, um ihn zu ehren, dem fahrenden Sänger muß er sie anbieten, um ihn zu belohnen. Wir dichten also Goethe um und sagen: Der König, dem das Lied gefiel, ließ ihm, zum Lohne für sein Spiel, eine goldene Kette reichen. — Hier wird Bedarfsgut gegen Bedarfsgut gesetzt: Der Gesang befriedigt das Bedürfnis des Königs, und dieser nimmt aus seinem Schatze, aus der Sammlung verwendungsbereiter Bedarfsgüter (vergl. § 4, S. 34) ein Gut, von dem er glaubt, daß es ein Bedarfsgut des Sängers sein werde. Der König will also mit dem Sänger tauschen, und wir sehen, daß der Tausch möglich ist, obwohl Gesang und Kette nach dem Maße der Arbeitsleistung gar nicht zu vergleichen sind. Nur der König setzt beide als Robinson-König in seiner Privatwirtschaft gleich. Er schätzt den Bedürfniswert des Gesanges gleich dem Arbeitswert der Kette, beide Werte lediglich von seinem Standpunkte aus betrachtet. Es spielt mit hinein die königliche Freigebigkeit, welche es ihm zur Pflicht macht, seine Gegenleistung nicht lediglich nach der Leistung zu bemessen, er darf, ja muß verschwenderisch auftreten.

Aber der König hat sich in dem Sänger verrechnet. Dieser Robinson-Sänger hat gar kein Bedürfnis nach Gold, sondern er hat Durst. In seiner Privatwirtschaft wird der Arbeitswert des Gesanges nicht dem Bedürfniswert der goldenen Kette gleichgesetzt, sondern dem Bedürfniswerte des besten Bechers Wein. In unseren Zeiten wäre ein solcher Sänger ziemlich undenkbar, denn jetzt sehen sich die Künstler meist nur als Produzenten zu fremdem Konsum an und schrauben den Arbeitswert ihrer Leistung mit der Begründung, daß es sich um geistige und künstlerische Arbeitsleistung handle, möglichst hoch. Dafür erhalten sie aber auch nicht Gold, sondern Geld: sie verkaufen ihre Leistungen. Eine kümmerliche und dürre Erinnerung an die alten Zeiten findet man nur noch in den üblichen Lorbeerkränzen, die kein Entgelt für Arbeitsleistung sind, sondern das Bedürfnis nach Anerkennung befriedigen und also nicht nach ihrem Sachwerte geschätzt werden, sondern nach dem Maße der Anerkennung, das sie ausdrücken, abgestuft nach dem Maße der Urteilsfähigkeit des Spendenden oder nach seiner Stellung. So kann das Sträußchen des Armen einen größeren Bedürfniswert befriedigen, als der Prachtkranz des Kommerzienrates. Heute wagen sich solche Schätzungen nur noch ängstlich hervor.

Unser Robinson-Sänger hat aber nicht nur Durst, sondern er hat doppelt qualifizierten Durst, er wünscht den besten Becher Weins und wünscht ihn in purem Golde. Er will also mehr ein ästhetisches als ein Nahrungsbedürfnis befriedigen und schätzt, als ideal gerichteter Mann das ästhetische Bedürfnis höher ein, als das nach der goldenen Kette. Im übrigen handelt er geistreich und vernünftig: erst rinnt der Ton aus der Kehle, dann rinnt der Wein hinein; die Kehle vermittelt die Befriedigung zweier ästhetischer Bedürfnisse, das des Königs nach Musik, das des Sängers nach Luxus. Wäre der Sänger nicht so ideal veranlagt, so würde er auch von jedem der Ritter und jeder der Schönen einen Becher Weins erbitten, aber diese wären nicht gleich dem Könige zur Freigebigkeit verpflichtet und würden die Güte des Weines und die Pracht des Bechers nach dem Maße bestimmen, in welchem der Gesang ihr Bedürfnis befriedigt hätte. So würde der Sänger alle möglichen Sorten Weins bekommen, je nachdem die Zuhörer musikalisch waren, und von dem tauben Onkel des Königs würde er nichts erhalten, weil der Onkel kein Bedürfnis nach Musik hat, der Sänger jedenfalls das etwa doch vorhandene Bedürfnis nicht befriedigen kann.

Wir sehen auch hier, daß im Tausche die Schätzung der

Leistung oder des Gutes nach dem Maße der Bedürfnisbefriedigung erfolgt, nicht auf Grund einer Vergleichung von Arbeitsleistungen. So erhalten der Leiermann und der Bärenführer nur von den Leuten Geld, – eigentlich Gold also, denn es wird als Bedarfsgut gegeben – deren Bedürfnis sie befriedigen, und es steht ganz auf derselben Stufe, wenn sie das Geld erhalten, damit sie aufhören. In diesem Falle überwiegt das Bedürfnis nach Ruhe das andere, welches die fahrenden Künstler zu befriedigen gedachten. Daß es sich hier um Gold, nicht um Geld handelt, kann man daraus entnehmen, daß die Größe der Gabe im Belieben des Konsumenten steht. Dieser vergütet nicht die Größe der Arbeitsleistung, sondern er setzt den Bedürfniswert des genossenen Gutes irgend einem Bedürfniswert in seiner Privatwirtschaft gleich. So handelt es sich in allen Fällen um Tausch, wenn die Größe der Gegenleistung im Belieben des Konsumenten steht und es kommt ganz auf dasselbe hinaus, ob man im Flohzirkus statt der geforderten 20 ₰ 50 ₰ bezahlt – der Zirkusdirektor nimmt sie, ohne zu denken, daß ihm damit ein Geschenk gemacht sei –, oder ob man ein Carusobillet mit 100 ℳ bezahlt. In allen diesen Fällen tauscht man die Befriedigung eines Bedürfnisses nach dem Maße ein, welches durch den Bedürfniswert bestimmt wird, und wenn das Bedürfnis nicht so groß ist, als die etwa geforderte Gegenleistung, wenn es zum mindesten nicht so hoch eingeschätzt werden d a r f, so verzichtet man eben auf Befriedigung oder nimmt einen billigeren Platz. Hier nun tritt wieder das rein wirtschaftliche Verhältnis hervor, das jeden Robinson zwingt seine Bedürfnisse nach Maßgabe seiner Arbeitskraft einzuschränken. Übrigens sagt man auch zutreffend, das Carusobillets „mit Gold aufgewogen“ werden: es werden Bedarfsgüter ausgetauscht und Caruso nimmt das Geld auch als Bedarfsgut ein, auch er betrachtet es nicht als Geschenk, als eine Zuwendung, welche den Wert der Leistung übersteigt, sondern er schätzt den Wert seiner Leistungen genau so hoch ein, als er ihn vergütet erhält, je höher um so besser.

Doch kehren wir zu Marx zurück. Wir sahen, daß sich

aus der Formel 20 Ellen Leinwand gleich 1 Rock nichts darüber ergibt, wie groß die auf beide Tauschgegenstände verwendete Arbeitsleistung ist, und daß, wenn man Gold auf die eine Seite des Tauschverhältnisses setzt, dieses Gold nicht als „Ware", sondern lediglich als „Gebrauchswert", als Bedarfsgut, wie wir sagen, an diese Stelle tritt. Daher denn auch die Goldmenge je nach dem Maße der Bedürfnisbefriedigung bei dem Goldbesitzer ganz verschieden groß sein kann, wie wir bei dem Flohzirkus und bei Caruso sahen. Daher denn auch die Fiktion, die gleiche Menge Gold enthalte die gleiche Menge Arbeit (Marx S. 57 f.) zum Verständnisse des wahren Verhältnisses gar nichts beiträgt. Außerdem ist sie handgreiflich unrichtig, da das Finden eines großen Goldklumpens oder das Ausbeuten einer reichen Ader durchaus nicht mehr Arbeit macht, als das Finden oder Fördern geringer Mengen. Schon beim ersten Produzenten wechselt die Größe der zur Aneignung des Goldes erforderlichen Arbeitsleistungen, so daß es billig arbeitende und teuer arbeitende Goldproduzenten gibt. Daß das Gold dann überall in gleicher Menge gleich hoch geschätzt wird, hat seinen Grund darin, daß es überall qualitativ gleich ist und daher vom Konsumenten als Bedarfsgut oder als Äquivalent für Bedarfsgut angenommen werden kann, woher es auch komme. Das Gold ist sicherlich Ware, ein Produkt zu fremdem Konsum, also mit Tauschzweck, aber sein Wert richtet sich nach der Bedarfsgröße beim Konsumenten, und diesem ist es ganz einerlei, ob sein Vormann billig oder teuer produziert hat.

Weiter ist aber auch nicht das Verhältnis einer Ware zu einer einzigen verschiedenartigen Ware das einfachste Wertverhältnis, sondern es ist dies das Verhältnis einer Ware zu einer einzigen Person, einzig in dem Sinne, daß die Person entweder nur als Produzent oder nur als Konsument ihr Werturteil abgibt. Hieraus folgt die Unrichtigkeit der Annahme, als sei es einerlei, ob man einen Preiskatalog vorwärts oder rückwärts lese. Von vorwärts liest ihn der Produzent, ihm ist es einerlei, welche Ware er verkauft, wenn er für sie nur den eingesetzten

Preis, sagen wir 1 ℳ erhält. Ihm stehen die Waren als Sachwerte gegenüber, der Preis als Äquivalent für Bedarf. Umgekehrt ist es dem Käufer durchaus nicht einerlei, welche Ware er für 1 ℳ erhält. Ihm stehen die Waren als Bedarfsgüter, der Preis als Äquivalent für Arbeitsleistung gegenüber. Hier gibt es nur einen Fall der Ausnahme: wenn der Käufer nämlich ein Geschenk kaufen will, ist er den Waren gegenüber gleichgültiger als dem Preise, dies einfach deshalb, weil er zu dem Geschenk in keinem persönlichen Bedarfsverhältnisse steht. Wenn Ware und Preis gleichwertig wären, müßte es ja auch einerlei sein, ob nach dem Kataloge gekauft oder verkauft würde. Man denke sich einen Laden mit Haushaltungsgegenständen, wo in der billigen Woche jedes Stück 95 ₰ kostet. Der Verkäufer würde sich mit Recht sehr ablehnend verhalten, wenn die Leute Waren gleicher Art und Güte zu ihm brächten und von ihm für das Stück 95 ₰ verlangten. Er würde sagen: Ich habe gar keinen Bedarf an diesen Waren, im Gegenteil, ich habe Bedarf an Geld und will ja gerade meine Waren los werden. Ebenso würden es die Käufer ablehnen, für ihre 95 ₰ sich irgend eine dieser Waren vom Verkäufer aussuchen zu lassen, sondern für sie haben nur gewisse Waren Wert, nämlich die, nach welchen sie Bedarf haben. Hier ist Ausnahme die Sachlotterie. Aber wir wissen, daß die Lotterie kein Kauf ist; wohl aber ist der Kauf des Loses ein richtiger Kauf. Das Bedürfnis des Loskäufers besteht in dem Reiz der Erwartung, ob er einen Gewinn machen werde und in der Hoffnung, einen großen Gewinn zu erhalten. Es wird also hier kein wirtschaftliches Bedürfnis befriedigt, daher denn das Lotteriespielen viele Gegner hat. Der berechtigte Grund der Gegnerschaft liegt darin, daß das ebengenannte Bedürfnis ein nebensächliches und verhältnismäßig leicht unterdrückbares ist, daß ihm daher vernünftigerweise nur von solchen Konsumenten nachgegeben werden dürfte, deren Arbeitskraft auch hinreicht, ein derartiges Bedürfnis zu befriedigen, was bekanntlich oft genug nicht der Fall ist.

Wir haben oben schon gesagt, daß der Tausch keine Wertgleichheit der Tauschgegenstände voraussetze, wenigstens nicht in dem Sinne, wie Marx das Tauschbeispiel verwendet, daß in den Tauschwaren gleich viel abstrakte Arbeitskraft enthalten sei, und haben schon gesagt, daß in diesem Tauschbeispiel nur der eine auch kaufen könne. Jetzt handelt es sich für uns darum, die Bedingungen des Kaufes zu erörtern. Wir kehren zu der Formel x Produkt A = y Produkt B zurück indem wir uns zunächst wieder mit der Fassung: 20 Ellen Leinwand sind einen Rock wert beschäftigen und dann erst auf der einen, dann auf der anderen Seite der Gleichung das Geldäquivalent einsetzen. Wir sahen, daß wir die Formel nur in der Privatwirtschaft des einzelnen, nehmen wir den Leinweber, richtig auflösen konnten. Für ihn hat der Rock den Wert von 20 Ellen Leinwand, wenn er für den Rock, aber nicht für die Leinwand ein Bedürfnis hat, und wenn dieses Bedürfnis so groß ist, daß der Genußwert des Rockes gleich dem Sachwert der Leinwand ist. Die Geldform finden wir unter folgenden beliebigen Voraussetzungen. Bei einem Arbeitswert von täglich 5 ℳ hat die Arbeitsstunde den Wert von 0,5 ℳ. Hat der Leinweber an den 20 Ellen Leinwand vier Tage gewebt, so haben sie für ihn den Sachwert von 20 ℳ, er muß also 20 ℳ einnehmen, um den Bedarf von vier Tagen decken zu können. Die 20 ℳ sind hier Äquivalent für Bedarf. Gesetzt, daß der Leinweber auch vier Tage arbeiten müße, um sich einen Rock anzufertigen, so würde auch dieser Rock für ihn den Wert von 20 ℳ haben. Geld und Rock sind auch hier Bedarfsgüter. Nehmen wir für den Schneider einen Arbeitswert von täglich 4 ℳ an, unterstellen wir, er habe Bedarf an Leinwand und habe den Rock in vier Tagen angefertigt, so muß, wenn er den Rock gegen Leinwand vertauscht, das Bedürfnis nach Leinwand so groß sein, daß er vier Tage Arbeit daran wenden müßte, um sie selbst herzustellen. Ihn kostet der Rock $4 \times 4 = 16$ ℳ und so groß ist für ihn auch der Genußwert der Leinwand.

Kommt der Tausch zustande? Ja! Kommt ein Kauf zustande? Nicht unbedingt! Beide können tauschen, weil in der Privatwirtschaft eines jeden Leinwand und Rock gleiche Größen sind: bei dem Leinweber stellen sich beide auf 20 ℳ, bei dem Schneider auf 16 ℳ. Innerhalb der Privatwirtschaft kann man hier den Rock, dort die Leinwand als Äquivalent des anderen Produktes bezeichnen, denn ihr Sachwert ist gleich ihrem Genußwert und der Tausch läuft im Grunde darauf hinaus, daß es nun so anzusehen ist, als habe der Leinweber in vier Tagen den Rock, der Schneider in vier Tagen aber die Leinwand produziert. Beide sind nun als mittelbare Produzenten zum Selbstkonsum anzusehen, jeder hat mit seiner unmittelbar auf ein anderes Produkt gerichteten Arbeit sein Bedürfnis in dem Verhältnis befriedigt, in welchem es zu seinem Gesamtbedarf steht.

Aber kaufen kann nur der Leinweber. Für ihn stellt sich die Arbeit von vier Tagen in einem Sachwert von 20 ℳ dar und er muß die Leinwand für 20 ℳ verkaufen. Der Schneider kann aber nur 16 ℳ dafür geben, weil der Genußwert der Leinwand bei ihm nur 16 ℳ beträgt. Umgekehrt hat der Rock für ihn nur einen Sachwert von 16 ℳ, während er für den Leinweber einen Genußwert von 20 ℳ hat. Dieser wird dem Schneider bis zu 20 ℳ bewilligen können, ohne Schaden zu haben, aber der Schneider kann für die Leinwand nicht 20 ℳ bezahlen, weil diese 20 ℳ einen Sachwert von fünf Tagen Arbeit darstellen, während der Genußwert der Leinwand nur gleich vier Tagen Arbeit ist. Wir sehen hier, daß die Verhältnisse des Tausches durchaus nicht denen des Kaufes entsprechen, aber wir wissen noch nicht, worin der Unterschied begründet ist. Für den Leinweber sind 20 Ellen Leinwand ein Sachwert von 20 ℳ. Das heißt: Er hat Arbeitskraft ausgegeben, die seinem Bedarf von vier Tagen in der Äquivalentform von 20 ℳ entspricht, er muß also, da Geld als Äquivalent für Bedarf eingenommen wird, jedenfalls 20 ℳ einnehmen, damit bei ihm das Gleichgewicht zwischen Arbeitskraft und Bedarf nicht gestört wird. Dieses Geld aber wird als Äquivalent für Arbeitskraft ausgegeben, es muß also für den Bedarf von vier Tagen reichen, gleichfalls um das Gleichgewicht nicht zu stören. Es kommt also darauf an, daß damit ein entsprechender Teil des Bedarfs, gekauft wird. Der Rock war ein solcher Teil des Bedarfs und als Bedarfsgut des Leinwebers bestimmt er dessen Gesamtbedarf mit. Hier ist also in der Gleichung Arbeitskraft = 5 ℳ = Gesamtbedarf der Rock auf beiden Seiten anteilig vertreten, bei der Arbeitskraft als Sachwert, bei dem Bedarf als Genußwert. Dasselbe gilt für die Gleichung des Schneiders: Arbeitskraft = 4 ℳ = Gesamtbedarf, auch hier ist er anteilig beiderseits vertreten, aber in geringerem Verhältnisse. Für den Produzenten ist die Seite der Arbeitskraft, der Sachwert entscheidend, für den Konsumenten die Seite des Bedarfs, der Genußwert. Das Gleiche gilt natürlich für die Leinwand. So kann der Betrag von 4 ℳ dieses Gleichgewichtsverhältnis ebenso richtig bezeichnen, wie der von 5 ℳ, es sind aber andere 4 ℳ, die eingenommen werden, als die ausgegeben werden, erst erscheinen sie als Äquivalent für Bedarf, dann als Äquivalent für Arbeitskraft und der Unterschied der Bewertung geht darauf zurück, daß der Produzent den Rock als Äquivalent für Arbeitskraft, der Konsument ihn als Bedarfsgut beurteilt. Dafür, daß Rock und Leinwand unmittelbar getauscht werden, ist Voraussetzung, daß sie bei jedem der Tauschenden gleiche Bedürfniswerte sind, aber es ist damit nicht gesagt, daß dieser Wert hüben und drüben gleich groß sein müsse. Gerade das tritt klar hervor, wenn jeder von beiden Tauschenden den Arbeitswert in Geld ausdrückt. Man kann also aus dem Tausche nicht schließen, daß der Rock für beide denselben Wert habe – einerseits Sachwert, andrerseits Genußwert –, sondern nur, daß für jeden von beiden Rock und Leinwand dieselbe Wertgröße haben, d. h. die Leinwand drückt ihren Wert zwar im Rocke aus, aber nur in der Privatwirtschaft jedes einzelnen der Tauschenden und es ist unzulässig, diesen Wertausdruck zu verallgemeinern. Es ist durchaus nicht gleichgültig (Marx S. 29), welcher Art die zweite Ware ist, sondern sie muß ein Bedarfsgut sein. Es wird nicht jede andere Ware zum Spiegel des Leinwandwertes, sondern umgekehrt ist der Sachwert der Leinwand der Rahmen, in den sich die Waren einpassen müssen, die für den Weber als Bedarfsgüter in Betracht kommen; jener Wert ist nicht die Gallerte unterschiedsloser menschlicher Arbeit, sondern im Gegenteil ist er ein Wert von subjektiv bestimmter Größe, der gewöhnlich mit anderen Werten keine unmittelbare Vergleichung gestattet, sondern nur eine mittelbare, keinen Tausch, sondern einen Kauf.

Stellen wir das kurz zusammen, so ist zu sagen, daß der Weber als Produzent zum Selbstkonsum seine Arbeit auf die Befriedigung seiner eigenen Bedürfnisse richtet, aus deren Summe sich die Größe der erforderlichen Arbeitsleistungen ergibt, also etwa 5 ℳ für den Tag. Der Weber deckt aber durch die Leinwand seinen Bedarf nicht unmittelbar, sondern nur mittelbar, da sie für ihn kein Bedarfsgut ist. Er verkauft sie für 20 ℳ, welche zunächst ein Bedarfsgut sind und in seiner Privatwirtschaft sowohl die Arbeit, als auch den Bedarf von vier Tagen darstellen. Aber diese 20 ℳ verwandeln sich bei ihm aus dem Äquivalent für Bedarf in das Äquivalent für Arbeitskraft, (eine „Metamorphose der Waren" gibt es also nicht), indem er sie zur wirklichen Deckung seines Bedarfs ausgibt, gerade wie die Arbeitskraft selbst. Und nun ist die Größe der Bedarfsgüter, die er kauft, wiederum bestimmt durch ihr Verhältnis zum Gesamtbedarf, er kann für die Befriedigung eines Bedürfnisses nicht mehr aufwenden, als sich aus diesem Verhältnisse ergibt. Dasselbe gilt für den Schneider, bei dem wir 4 ℳ Arbeitswert angenommen haben. Der Schneider kann wohl den Rock gegen die Leinwand vertauschen, weil beide für ihn gleiche Arbeitswerte von je 16 ℳ sind, aber er kann die Leinwand nicht kaufen, weil ihr Genußwert von 16 ℳ für ihn kleiner ist, als der Arbeitswert, den sie für den Weber hat. Er müßte 20 ℳ für sie ausgeben, damit aber das Verhältnis stören, in welchem sein Bedarf an Leinwand zu seinem Gesamtbedarf steht.

Wir verändern nun die Bedingungen der Betrachtung, indem wir unterstellen, es seien sechs Weber vorhanden, deren Arbeitswert sich auf 4 ℳ, 4,20 ℳ, 4,40 ℳ, 4,60 ℳ, 4,80 ℳ und 5 ℳ stelle. Jeder soll zur Herstellung von 20 Ellen Leinwand vier Tage brauchen, so daß die Leinwand einen Sachwert von 16 ℳ, 16,80 ℳ, 17,60 ℳ, 18,40 ℳ, 19,20 ℳ und 20 ℳ hat. Daneben sechs Schneider, unter den gleichen Verhältnissen. Tauschen können jeweils zwei, wie sie kommen, wenn und weil Rock und Leinwand für jeden von ihnen gleich große Genußwerte sind. Aber verkaufen kann nur der billiger liefernde, weil nur hier der Genußwert für den Konsumenten gleich oder kleiner ist, als der eigene Sachwert und nur so das Verhältnis zwischen Arbeitskraft und Bedarf nicht gestört wird. Indessen werden weder die Weber, noch die Schneider auf ihren Preisen stehen bleiben. Der billigste wird sehen, daß alle anderen mehr fordern, als er, und wird mit seinem Preise in die Höhe gehen; der teuerste wird merken, daß er seine Ware nicht verkaufen kann und wird am Preise nachlassen müssen. So wird sich auf dem Markte aus den verschieden berechneten Preisen ein einziger bilden, ein Durchschnittswert, den wir Tauschwert nennen. Der Tauschwert ist also der durchschnittliche Sachwert aller in Betracht kommenden Waren gleicher Art und Güte, auch derselben quantitativen Bestimmtheit. Mehr als diesen Tauschwert braucht der Konsument nicht zu bezahlen, weil er immer einen Produzenten findet, der ihm zum Tauschwerte, gelegentlich sogar billiger liefert. Mehr kann aber auch der Produzent nicht fordern, weil er sonst keinen Konsumenten findet.

Der Tauschwert, also der durch die Konkurrenz bestimmte durchschnittliche Sachwert wirkt aber auch auf die Privatwirtschaft der Produzenten wesentlich ein. Als Durchschnittswert ist er niedriger, als die höchsten Sachwerte und dadurch werden die teuer Produzierenden genötigt, entweder ihren Bedarf einzuschränken, oder ihre Arbeitsleistung zu steigern, oder aber diese Produktion überhaupt aufzugeben. Er ist aber höher, als die niedrigen Sachwerte und gestattet den billig Produzierenden, entweder die Vermehrung ihrer Bedürfnisse, oder die Einschränkung der Arbeitszeit, oder, wenn sie von beidem absehen, die Aufbewahrung des überflüssigen Erlöses, sei es als Äquivalent für Bedarfsgut, in welchem Falle sie Schatz bilden, sei es als Äquivalent für Arbeitskraft, in welchem Falle sie Kapital bilden. Dieser Unterschied zwischen Sachwert und Tauschwert ist die erste Art des Mehrwertes, die uns entgegentritt. Vom Konsumenten aus betrachtet ergibt sich ganz dasselbe mit denselben Folgen; nur sind die Rollen umgekehrt. Hier ist der im Vorteil, für welchen das Bedarfsgut einen großen Arbeits- und Genußwert hat, denn er braucht im Durchschnitt nur weniger zu vergüten, er erspart also Arbeitsleistung und deren Äquivalent, das Geld und kann es, sei es zur Schatzbildung, sei es zur Kapitalbildung verwenden. Es zeigt sich, daß die Produzenten mit kleinem Bedarf immer verkaufen können, die Konsumenten mit großem Bedarf, also auch großer Arbeitskraft, immer kaufen können, und daß beide daneben noch Mehrwert ansammeln können.

Vergleichen wir damit die Ergebnisse von Marx, so ist zunächst zuzugeben, daß sein Begriff des Tauschwertes insofern richtig ist, als er ein gesellschaftlicher Durchschnittswert ist. Nicht richtig ist aber, daß er ihn aus dem Durchschnitt der gesamten menschlichen Arbeitskraft berechnet (S. 5) und annimmt, jede individuelle Arbeitskraft sei hier dieselbe, wie die andere, (habe den gleichen Arbeitswert). Nicht richtig ist also, daß er den Tauschwert sozusagen für den objektiven Wert des Produktes hält und ihn von Ware auf Ware bezieht (S. 15). Richtig ist dagegen wieder, daß der Tauschwert auf der Seite der Produzenten gebildet und berechnet wird, nicht richtig, daß ihn Marx, so wie er ist, auch für den Konsumenten gelten läßt. Dieser Fehler läßt sich darauf zurückführen, daß Marx, wie wir oben sahen, dem Gebrauchswert, wie er ihn versteht, keine selbstständige Stellung im Produktionsverfahren einräumt, sondern ihn als eine allgemeine anerkannte Eigenschaft der Produkte behandelt. Hiermit verschließt er sich die Erkenntnis, daß der Gebrauchswert nur Wert für den ist, der nach dem Produkt Bedarf hat, daß also auch nur für diesen das Produkt Tauschwert haben kann. Hieraus erklärt sich ferner der Fehler, der in seinen Abstraktionen liegt, (S. 4), und in der Teilung der

Arbeit in produktive und abstrakte Arbeit. Wollen wir diese Ausdrücke, die also falsch sind, erläutern, würden wir sagen, daß die Arbeit, die nicht produktiv ist, überhaupt keine wirtschaftliche Arbeit ist, daß aber hiervon abgesehen, die produktive Arbeit vom Standpunkt des Konsumenten, die abstrakte vom Standpunkt des Produzenten aus zu verstehen ist. Die abstrakte Arbeit bildet Sachwerte und hier kommt es auf den Gebrauchswert nicht an; die produktive heißt nur deshalb produktiv, weil sie dem Konsumenten einen Genußwert verschafft. Beiläufig bemerkt ist hiernach auch die Steigerung der Produktivität der Arbeit ausgeschlossen.

Stellen wir uns in gleicher Weise sechs Konsumenten vor, für welche die Genußwerte und hinter diesen die Sachwerte in gleicher Abstufung gelten, so ergibt der Durchschnitt aller dieser Genußwerte den Gebrauchswert, d. h. den Wert, den dieses Bedarfsgut durchschnittlich und anerkanntermaßen hat. Dieser Gebrauchswert ist es zunächst, mit welchem der Produzent für fremden Konsum rechnet; sein vorher unbestimmtes Werturteil gewinnt eine gewisse Sicherheit dadurch, daß er diesen Gebrauchswert seiner Ware kennt. Die Sicherheit ist nur relativ, da nicht jedermann Konsument dieser Ware ist, da man aber auch einen Konsumenten finden kann, der mehr als den Durchschnitt zu vergüten bereit ist. Im Ganzen sehen die Produzenten am Gebrauchswert, welchen Wert man durchschnittlich diesem Bedarfsgut beilegt. Dieser Wert ist günstig für die, welche dem Gute an sich einen höheren Wert beilegen würden, also sparen, wenn sie nur den Durchschnittswert zu vergüten brauchen; er ist ungünstig für die Konsumenten, für welche der Genußwert hinter dem Gebrauchswert zurückbleibt.

Alles in allem werden sich Tauschwert von der einen Seite und Gebrauchswert von der anderen Seite berühren und im Marktpreis ihren Ausdruck finden, und unter diesem Gesichtspunkte ist wieder die Darstellung von Marx haltbar, der eben nur diesen durchschnittlichen Wert ins Auge faßt und ihn hier sogar zwischen Produzent und Konsument festgestellt findet. Das, was Marx vom Wert der Ware sagt, gilt vom Marktpreise des Produktes, indessen weiß jedermann, daß hinter diesem Preise die verschiedenartigsten Einflüsse stehen, um seine Höhe nach oben oder nach unten zu verschieben. So ist auch der Marktpreis nicht immer der im Einzelfalle gezahlte Preis. Jeder Unterschied zwischen dem wirklich gezahlten Preise und dem Sachwert einerseits, sofern dieser, was regelmäßig ist, niedriger ist, und dem Genußwerte, sofern dieser, was auch die Regel ist, höher ist als der Preis, verschafft dort dem Produzenten einen Mehrwert, weil er mehr Arbeitsleistung vergütet erhält, als es nach seinem Arbeitswerte nötig wäre, hier dem Konsumenten einen Mehrwert, weil er weniger Arbeitsleistung zu vergüten braucht, als er nach Maßgabe seines Arbeitswertes vergüten könnte. Dieser naturgemäße und regelmäßige Mehrwert auf beiden Seiten entgeht Marx völlig.

§ 7.

Die Voraussetzungen der Kapitalbildung.

Marx erörtert S. 109 ff. die Verwandlung von Geld in Kapital, und kommt zu dem merkwürdigen Ergebnisse (S. 128): „Kapital kann also nicht aus der Zirkulation entspringen und es kann ebensowenig aus der Zirkulation nicht entspringen. Es muß zugleich in ihr und nicht in ihr entspringen.“ Unter Kapital versteht er Geld, welches sich selbst verwertet, d. h. in der Zirkulation eine Wertgröße zusetzt (S. 114) und dessen Zirkulation Selbstzweck ist, „denn die Verwertung des Wertes existiert nur innerhalb dieser stets erneuerten Bewegung“ (S. 115). Wir hoffen zu zeigen, daß seine Erklärung von der Entstehung des Mehrwertes mit der Zirkulation des Geldes gar nichts zu tun hat, und haben zunächst die möglichen Einschränkungen des grundlegenden Satzes von dem Gleichgewichtsverhältnisse zwischen Arbeitskraft und Bedarf zu erörtern.

Betrachten wir zunächst die Privatwirtschaft Robinsons, so sehen wir, daß die tatsächliche Befriedigung eines Bedürfnisses, der Genußwert einer Arbeitsleistung *mindestens* so groß ist, als ihr Arbeitswert. Je teurer ein Genuß zu erkaufen ist, desto schwerer entschließt sich Robinson zu der dazu nötigen Arbeitsleistung und es grenzt schon an den Notfall, wenn die Arbeitsleistung durch den Genuß gerade nur ausgeglichen wird. Wir können geradezu sagen, daß in der Privatwirtschaft Robinsons der Genußwert eines Gutes immer größer ist, als sein Sachwert. Robinson kann daher unter Umständen auf die Befriedigung dieses Bedürfnisses etwas mehr als die durchschnittlich ihm gestattete Arbeitsleistung verwenden und er macht schon ein Geschäft, wenn er nicht mehr zu verwenden braucht. Er wird aber in der heutigen Gesellschaftsform selten in die Lage kommen, auch nur diese Arbeitsleistung vergüten zu müssen, da das Gut einen Gebrauchswert hat, als Durchschnitt aller Genußwerte von Gütern dieser Art und Beschaffenheit. Hat so Robinson schon einen Vorteil darin, daß der Genußwert des Gutes größer ist, als sein Sachwert, so kommt nun ein zweiter Vorteil hinzu, der erste, den wir Mehrwert nennen und der sich aus dem Unterschiede der beiden Arbeitsleistungen ergibt: der einen, die er selbst aufwenden würde und müßte, der anderen, die er als Gebrauchswert zu vergüten hat. Wir wissen ja, daß er mit dem Äquivalent für Arbeitsleistung, dem Gelde vergütet, können also diesen Unterschied in Geld ausdrücken.

Aber es ist nicht gesagt, daß der Produzent das Gut auf den Markt bringt, um es zum Gebrauchswerte zu verkaufen, sondern er kann nur darauf rechnen, den Tauschwert zu erhalten, das ist der Durchschnitt aller Sachwerte von Waren gleicher Art und Güte, und der Konsument weiß, daß er das Gut vielleicht schon zum Tauschwerte erstehen kann. Er wird nur diesen Wert bieten, der Produzent wird den Gebrauchswert fordern und beide werden sich auf den Preis einigen, der also zwischen Gebrauchswert und Tauschwert liegt. Hier ist der zweite Vorteil zu finden, den wir Mehrwert nennen und in Geld ausdrücken können; er ist so groß, wie der Unterschied zwischen Preis und Gebrauchswert. Das sind die beiden Bestandteile des Mehrwertes, die sich auf der Seite des Konsumenten lediglich durch die natürliche Konkurrenz bilden. Je größer die Notlage, also der Genußwert für den Konsumenten ist, desto mehr rücken Preis, Gebrauchswert und Genußwert nach oben aneinander.

Von der anderen Seite gesehen, zieht auch der Produzent zwei solche Bestandteile Mehrwert ein. Wir hatten gefunden, daß der Sachwert nach dem Verhältnisse zwischen der auf die Sache verwendeten Arbeitsleistung zu dem Gesamtbedarf des Produzenten berechnet wird. Seine Größe ist für den Produzenten nach unten jedenfalls fest bestimmt. Nehmen wir an, daß er ein billig produzierender Robinson ist, so wird der Tauschwert, wie wir ihn eben erklärten, höher sein als dieser Sachwert, so daß der Produzent mit der Vergütung des Tauschwertes schon einen in Geld ausdrückbaren Mehrwert über den Sachwert erhält. Aber da der Produzent den Gebrauchswert kennt und sich mit dem Konsumenten auf den Preis einigt, so bekommt er den zweiten Bestandteil Mehrwert in dem Unterschiede zwischen Tauschwert und Preis. Je größer der Sachwert für ihn ist, desto mehr drängen sich diese drei Werte. Sachwert, Tauschwert, Preis zusammen, desto geringer ist der Mehrwert, den der Produzent zu erzielen vermag.

Natürlich können sich auch beide eben erläuterten Reihen in einander verschieben; bei Überproduktion wird der Tauschwert sinken und der Preis vielleicht bis an die Grenze des Sachwertes vorrücken; bei Überkonsumtion wird der Gebrauchswert steigen und bis an die Grenze des Genußwertes vordringen. Es ist hier nicht nötig, die einzelnen Möglichkeiten zu erörtern. Wir bemerken nur, daß bei sinkendem Tauschwerte immer mehr Produzenten von der Produktion ausgeschlossen werden, bei steigendem Gebrauchswerte immer mehr Konsumenten vom Verbrauche. Stellen wir eine Ware in diese Reihe (die Marx einen Kreislauf nennt), so sehen wir, daß der Wert der Ware steigt, wenn sie vom Ausgangspunkt, dem Sachwerte über Tauschwert, Preis, Gebrauchswert zum Genußwert vorrückt. Es ist das eine ganz natürliche Wertsteigerung, die durch die Trennung der Produktion von der Konsumtion bedingt und durch die Konkurrenz der Produzenten und der Konsumenten beschränkt wird. Marx sieht das gar nicht; er merkt nicht, daß in dem Kreislaufe W – G – W das W an der ersten Stelle einen Sachwert, an der zweiten einen Genußwert darstellt; er merkt auch nicht, daß der Kreislauf, wie er ihn darstellt, sich lediglich in der Privatwirtschaft Robinsons vollzieht, nicht im wirtschaftlichen Verfahren, daß in diesem vielmehr die eine Ware sozusagen geradewegs vom Produzenten zum Konsumenten strebt, die andere von ihrem Produzenten zum Konsumenten, dem Produzenten der ersten Ware. Beide Waren begegnen sich nirgends und können niemals als Werte auf einander bezogen werden (denn wie wir sahen, ist der Tausch ein ganz anderes wirtschaftliches Geschäft als der Kauf.) Es kommt also gar nicht darauf an, ob Korn und Kleider verschiedene Wertgrößen sind (S. 114), aber ebenso wenig sind sie Äquivalente, denn Korn ist entweder Sachwert oder Genußwert, ebenso umgekehrt Kleider. Beide leiten ihren Wert nicht her aus ihrem gegenseitigen Verhältnisse, sondern jede Ware den ihrigen aus dem Verhältnisse zu ihrem Robinson.

Kehren wir zu der Reihe Sachwert, Tauschwert, Preis, Gebrauchswert, Genußwert zurück, so erinnern wir uns, daß wir hier von beiden Seiten Möglichkeiten der Mehrwertbildung fanden. Allein man merkt im praktischen Leben hiervon meist nichts, weil, wie noch gezeigt werden soll, das Existenzminimum sofort steigt, wenn das Arbeitseinkommen steigt. Man würde diesen Mehrwert aber sehr angenehm empfinden, wenn man ihn ansammeln wollte. Nur um zu zeigen, daß er überhaupt vorhanden ist, seien folgende Beispiele gegeben. Es will jemand ein Paar Schuhe kaufen und setzt den Preis, bis zu welchem er gehen kann, auf 15 ℳ fest, er bekommt die Schuhe aber schon für 12 ℳ. Oder es kauft jemand eine Sache im Ausverkauf billiger, als er sie sonst durchschnittlich berechnen muß. In diesen Fällen entsteht ein Mehrwert dadurch, daß der Genußwert der gekauften Sache größer ist, als der selbstberechnete Sachwert.

Wenn nun der Käufer die hier ersparten 3 *M* oder wieviel es sein mag, sofort auf ein Sparbuch einzahlen wollte, so könnte er das, ohne seine gewohnte Lebensführung im mindesten zu beeinträchtigen, und bei geschickter Wirtschaftsführung würde auf diese Art schon ein kleines Kapital zusammenkommen können.

Wo aber Marx den Wertzuwachs sieht, beim Gelde, ist er so, wie er ihn sieht, gar nicht vorhanden. Marx geht davon aus, daß das Geld seinen Wert aus seiner Eigenschaft als Ware nehme: wir haben gesehen, daß es zwar Ware ist, seine Bedeutung aber durch die hervorragenden Eigenschaften als Bedarfsgut bekommen hat. Marx meint demnach, jedes Geldstück enthalte eine bestimmte Menge von abstrakter Arbeitskraft: wir wissen, daß das Geld seine Bedeutung nur als Äquivalent hat, und daß der Wert einer Arbeitsstunde sich für jeden Robinson in einer anderen Geldsumme ausdrückt, ebenso auch der Wert einer Bedarfseinheit. So laufen die Geldstücke zwar im Verkehre um, aber nicht als Wertträger, sondern zu beliebigem Gebrauche, sei es als Äquivalent für Arbeitsleistung oder für Bedarf. Sie sind bloße Wertzeichen, wie das Papiergeld selbst, haben aber vor diesem den Vorteil, daß sie stets in echtes Bedarfsgut umgesetzt, ja schon umgedacht werden können. Man braucht ein Geldstück nur aufzuhalten, sofort ist es eine Münze, ein Schatz. Das gilt nur für das Gold, daher denn Papier, Blech oder andere Ersatzmittel nicht Boden fassen können. Da das Geld nur Wertzeichen ist, wird die Wertgröße von dem hineingelegt, der es ausgibt oder der es einnimmt; so kann bekanntermaßen eine Geldgabe vom Standpunkt des Gebers klein, von dem des Empfängers groß sein, oder auch umgekehrt. So läuft das Geld zwar um, aber ohne jede innere Beziehung zu denen, durch deren Hände es geht, gerade wie die Ringbahn von jedem benützt wird, der es für vorteilhaft hält, und die verlassen wird, wenn man sie nicht mehr braucht. So kann also das Geld sich nicht selbst verwerten. Deshalb ist die Stelle, die Marx dem „Geldbesitzer" anweist, von vornherein falsch, außerdem irreführend, weil Marx den Geldbesitzer langsam und fast unmerklich dem Produzenten — nicht gegenüber, sondern entgegenstellt. Er macht aus dem Konsumenten erst einen Geldbesitzer, dann einen Kapitalisten, den er, wie er in der Vorrede zur ersten Auflage selbst zugesteht, recht schwarz färbt — was er ja wegen der ganzen Tendenz seines Werkes recht gut brauchen kann. Aber er sieht nicht, daß der Geldbesitzer das Geld nur besitzt, weil er Produzent ist; dieser hat es eingenommen als Äquivalent für Bedarf und gibt es aus als Äquivalent für Arbeitskraft, soweit er es nicht als Mehrwert zurückbehalten kann. —

Wenn so die erste Einschränkung des Satzes vom wirtschaftlichen Gleichgewicht dahin ging, daß der Genußwert für Robinson größer sei, als der Sachwert, so geht die zweite Einschränkung dahin, daß die Arbeitskraft im Ganzen meist größer ist, als die Summe der Bedürfnisse. Wir haben das auch bisher nicht verkannt, aber angenommen, daß der für die Bedarfsdeckung nicht erforderliche Teil der natürlichen Arbeitskraft ungenutzt verschwindet. Jetzt müssen wir annehmen, daß auch dieser Teil verbraucht wird, da wir nun im Gelde das Mittel kennen, umgesetzte Arbeitsleistung dauernd aufzubewahren. Werfen wir einen Blick auf die vorkapitalistische Zeit, so sehen wir sofort, daß man auch damals schon mehr arbeiten konnte, als die Notdurft erforderte, aber der Mehrertrag wurde im Äquivalent für Bedarfsgut, in Gold aufbewahrt, wie heute noch der Bauer sein Geld im Strumpf sammelt, es wurde ein Schatz gebildet. Noch früher bestand dieser Schatz aus den Bedarfsgütern selbst, so weit das ihrer Art nach möglich war. Ähnlich stellt noch heute der Landwirt im Winter allerlei Bedarfsgüter für seine Landwirtschaft im voraus fertig, die ihm dann in der arbeitsreichen Zeit unmittelbar zustatten kommen. So ist es zu verstehen, wenn (Marx S. 130 Anmerkung 39) man in Realencyklopädien des klassischen Altertums „den Unsinn" lesen kann, daß in der antiken Welt das Kapital völlig entwickelt war, außer, daß der freie Arbeiter und das Kreditwesen fehlten. Das Kapital war als Schatz, als Bedarfsgut oder Äquivalent für Bedarfsgut vorhanden, es war aber nicht modernes Kapital, eben weil der freie Arbeiter fehlte, der den Schatz in Äquivalent für Arbeitskraft umproduziert hätte.

Es ist sehr schwer, eine bestimmte Grenze dafür anzugeben, wieviel Arbeitskraft über die Deckung des notwendigen Bedarfs hinaus vorhanden ist. Wir nehmen an, daß eine zehnstündige Arbeitszeit zur Befriedigung des täglichen Bedarfs notwendig sei, aber auch ausreiche, doch können wir ebenso gut sagen, daß der Mensch zwölf Stunden arbeiten könne, oder daß er nur acht zu arbeiten brauche. Das richtet sich ganz nach der persönlichen Veranlagung, ist aber wichtig für die Erklärung der Unterschiede im wirtschaftlichen Vorwärtskommen der Einzelnen. Wir wollen wegen der einfachen Rechnungsverhältnisse fernerhin annehmen, daß Robinson zehn Stunden arbeite, seinen notwendigen Bedarf aber mit achtstündiger Arbeit decken könne. Setzen wir nun auf beiden Seiten 0,5 ℳ ein, so würde der tägliche Bedarf mit $8 \times 0{,}5$ ℳ $= 4$ ℳ gedeckt werden und $2 \times 0{,}5$ ℳ würden täglich erübrigt werden können. Dieser Robinson könnte täglich 1 ℳ zurücklegen und, sei es als Schatz, sei es als Kapital aufbewahren. (Diese Rechnung unterscheidet sich von unserer früheren nur dadurch, daß wir damals die Absicht der Schatzbildung unter die Bedürfnisse rechneten, jetzt also nur den Begriff „Bedürfnisse" etwas enger fassen und die Schatzbildung gesondert betrachten.)

Aber auch diese Selbstbeschränkung wird selten durchgeführt, weil sie nur auf Grund sittlicher Entschließung möglich ist, und die Neigungen des Menschen ihr zu sehr entgegenarbeiten. Wenn auch das eherne Lohngesetz, daß sich der Lohn stets an der Grenze des Existenzminimums bewege, nicht richtig ist, so ist es doch seine Umkehrung, daß sich das Existenzminimum an die Grenze des Einkommens dränge. Das ist nur eine Anwendung des Satzes, daß sich die Bedürfnisse nach der Arbeitskraft richten müssen und daß sie sich ausdehnen können, wenn ihnen hier Raum gegeben wird, da sie nach oben unbeschränkt sind (vergl. „Werturteil" S. 25 ff.). So verschwinden Lohn- und Gehaltserhöhungen meist unversehens in dem Existenzminimum und es ist den Beteiligten meist zu schwer, die Bedingungen einzuhalten unter denen sie bisher gelebt haben. Freilich treten solche Erhöhungen meist erst ein, wenn sich diese Bedingungen schon geändert haben, aber auch abgesehen hiervon stellt man gern den Satz auf, daß sich das Einkommen nach den notwendigen Ausgaben richten müsse, man fordert Erhöhungen, weil man sonst nicht auskommen könnte. Man sieht nicht, daß hiermit eine Umkehrung der naturgegebenen Verhältnisse verlangt wird, und daß sich der Bedarf trotz aller Schwierigkeiten nach dem Einkommen, dem Ertrage der Arbeitskraft richten müsse.

Wer den gesamten Ertrag seiner Arbeitskraft für die Deckung seines Bedarfs verbraucht, ist unproduktiv gerade wie die Maschine, deren Leistungen durch die Kosten ihres Betriebes aufgewogen werden. Marx versteht allerdings unter produktiver Arbeit etwas anderes; er unterscheidet produktive Arbeit, die Gebrauchswert schafft, von abstrakter Arbeit, die Tauschwert schafft. Ihm ist das Weben und Schmieden eine produktive Arbeit, weil er in der Leinwand oder dem Hufeisen neue Dinge, Bereicherungen des Volksvermögens sieht. Wir wissen, daß das nicht richtig ist, und brauchen nur auf das früher Gesagte zu verweisen. Wir sehen den Reichtum nicht als eine Warensammlung an, können also auch die Produkte nicht für Elementarformen des Reichtums halten. Wert, in dem Sinne, wie wir den Ausdruck hier brauchen müssen, ist nur die Arbeitskraft selbst, produktiv daher der, welcher Arbeitskraft produziert, d. h. mehr Arbeitskraft in Geld umsetzt, als er für ihre Wiederproduktion, seine Erhaltung braucht. Die Produkte haben für uns jede selbstständige Bedeutung verloren, sie sind Zeichen verbrauchter Arbeitskraft, nichts weiter, ebenso wie das Geld lediglich ein Wertzeichen ist. Die Produkte sind sozusagen Rechnungen, auf denen die Arbeitsleistungen verzeichnet stehen, sie werden nur dadurch Werte, daß der Konsument sie als solche anerkennt und die Rechnungen bezahlt. Hiermit verschwinden sie aber aus dem wirtschaftlichen Verfahren und es bleibt im Kaufpreise nur der Ersatz aufgewendeter Arbeitsleistung übrig. Es fragt sich, ob dieser Ersatz größer ist, als der Aufwand für die Produktion der Arbeitsleistung, oder nicht. Wenn ja, so bleibt Arbeitsleistung in Äquivalentform übrig und der Arbeiter, dem dieser Überschuß gehört, war produktiv; wenn nein, so war eben seine Arbeit unproduktiv. Hiernach arbeiten die meisten Menschen unproduktiv, wenn sie ihren Lohn, ihr Gehalt oder ihr Einkommen für die Deckung des eigenen Bedarfs aufbrauchen, und man muß das scharf erfassen, um sich nicht von dem landläufigen Gedanken irreführen zu lassen, daß die Produkte Werte seien. Hier spielt auch der Anteil von geistiger Arbeitskraft keine besondere Rolle, sondern auch sie ist dem Menschen zur Befriedigung seiner Bedürfnisse gegeben und wird neben der körperlichen mit verbraucht.

Der Zeilenschreiber ist nicht deshalb produktiv, weil nach seiner Arbeitsleistung geschriebene Seiten da sind, die es vorher nicht gab, sondern diese geschriebenen Seiten sind nur ein Zeichen für so und so viel ausgegebene Arbeitskraft; ihre wirtschaftliche Bedeutung liegt nur darin, daß sie der Staat oder der Rechtsanwalt oder wer es sein mag, nicht selbst zu schreiben braucht und somit an eigener, wertvollerer Arbeitskraft spart. Er spart auch geistige Arbeitskraft, weil er nun das, was geschrieben ist, nicht auswendig zu lernen braucht, oder er spart einen Boten, der die geschriebene Nachricht sonst mündlich hätte überbringen müssen. Aber was auch hier gespart werden mag, es liegt nicht auf der Seite des Schreibers, sondern auf der seines Arbeitgebers. Dieser kann nun seine Arbeitskraft günstiger umsetzen und ist produktiv, wenn er etwa den Unterschied zwischen dem Ertrage der eigenen Arbeit und der Vergütung an den Schreiber zurücklegt, also nicht für den eigenen Bedarf verbraucht.

Es liegt auf der Hand, daß die Arbeiter mit kleiner Arbeitskraft selten oder nie in der Lage sind, produktiv zu sein. Je niedriger der Ertrag der Arbeitskraft ist, desto sicherer steigt das Existenzminimum an seine obere Grenze. So sind die einfachen Lohnarbeiter die unproduktivsten, weil sie überhaupt weiter nichts tun, als ihre Arbeitskraft in Geld umzusetzen, nur um ihr Leben fristen zu können. Hier aber tritt die Bedeutung der geistigen Arbeitsleistung nach und nach mehr in den Vordergrund. Jede Arbeit, sei es körperliche oder geistige, braucht Zeit und ist doch in der Zeit beschränkt, nehme man täglich 8 Stunden oder 10 Stunden. Aber der Erfolg der geistigen Arbeitsleistung pflegt größer zu sein, als der einer körperlichen. Ob man nun geistig oder körperlich arbeiten kann oder muß, ist Sache der persönlichen Veranlagung, doch wird es jedenfalls dem geistigen Arbeiter leichter sein, mehr als seinen Bedarf zu produzieren, als dem körperlich arbeitenden. Nun aber ist klar, daß der geistige Arbeiter seine Arbeitskraft noch besser ausnützen kann, wenn er die Arbeiten, welche zwar Zeit, aber keine wesentliche geistige Mitarbeit verlangen, auf andere abschieben kann, die selbst zu höherer Arbeit nicht fähig sind. So entdecken wir den Grund für die wirtschaftliche Beobachtung, weshalb die Armen meist arm bleiben, während die Reichen ihren Reichtum immer mehr steigern können. Es ist nicht der einzige Grund dieser Tatsache, aber es ist ein Grund, der einer gehässigen Betrachtungsweise ein gutes Stück Boden entzieht.

Produktiv ist also nur der Arbeiter, der für sich oder für die Gesellschaft mehr Arbeitskraft verfügbar macht, als er für die Deckung seines Bedarfs wieder verbraucht. Hier gilt vergleichsweise dasselbe, wie beim Gelde, dessen Wert nur im Werte nach Abzug der Produktionskosten besteht. Stellen wir nun einen Robinson-Lohnarbeiter und einen Robinson-Ingenieur nebeneinander, so erhält der Lohnarbeiter vom Ingenieur anstatt des Sachwertes den Preis vergütet, aber der Lohnarbeiter verbraucht nicht nur das Äquivalent für den Sachwert, sondern auch den bis zum Preise überschießenden Betrag für sich selbst, er ist unproduktiv. Der Ingenieur vergütet den Sachwert, den die Leistung für den Lohnarbeiter hat nach dem für diesen geltenden Maßstabe; sagen wir, bei zweistündiger Arbeit zu 0,4 ℳ also mit 0,8 ℳ, nicht aber nach dem Sachwert, den dieselbe zweistündige Arbeit für den Ingenieur haben würde, sagen wir

2 Stunden zu 2 ℳ = 4 ℳ. Der Preis wird vielleicht 1,5 ℳ betragen, so daß der Lohnarbeiter einen Mehrwert von 0,7 ℳ, der Ingenieur einen Mehrwert von 2,5 ℳ einstreicht. Man sieht, daß beide diesen Mehrwert sparen könnten; nur der ist produktiv, der ihn wirklich spart, aber das Sparen ist vermutlich für den Ingenieur leichter, als für den Lohnarbeiter.

Wir müssen nun aber die Kapitalbildung selbst noch weiter verfolgen. Wir sahen, daß die Möglichkeit, Mehrwert zu erzielen sowohl auf Seiten des Produzenten als auf der des Konsumenten besteht. Es ist einerlei, wer von beiden den Mehrwert ansammelt. Wer es auch tun mag, tut es als Konsument, nämlich auf Grund sittlicher Entschließung, diesen Mehrwert nicht zu verbrauchen, seine Bedürfnisse nicht soweit auszudehnen, als der Ertrag der Arbeit gestatten würde. Die bloße Ausdehnung der Arbeitszeit über den Bedarf schafft keinen Mehrwert, sondern ist an sich produktiv, hier handelt es sich nur darum, was mit dem Ersparten weiter geschieht, nicht darum, wie es erspart wurde, wir brauchen daher in der Art der Kapitalansammlung keinen Unterschied zu finden.

Die einzelnen kleinen Mehrwertbeträge werden aus dem wirtschaftlichen Verfahren gezogen; dort liefen sie als Wertzeichen um, nun gewinnen sie zunächst die Eigenschaft von Bedarfsgut und werden als Münzen angesammelt. Sie gehören natürlich dem, dessen Arbeitskraft auf ihren Erwerb verwendet wurde und jedermann hat von jeher das Privateigentum an dem, was er selbst erarbeitete, für selbstverständlich gehalten. Dieses Geld hat also einen Herrn (vergl. Marx S. 109 Anmerkung 1), was man von dem umlaufenden Gelde nicht sagen kann. Jeder, der es in die Hand bekommt, wird sein Herr, aber er gibt die Herrschaft mit dem Geldstücke wieder ab. Das „L'argent n'a pas de maître“ paßt nur für das umlaufende Geld: hinter dem Kapital steht der Kapitalist, der nie die Gewalt über das Kapital verliert. Das Kapital braucht auch einen Herrn, da es von selbst nicht tätig werden kann. Der Herr des Kapitals ist nun zunächst Produzent zum Selbstkonsum, wie bisher, aber seine

Arbeitskraft wächst mit seinem Kapitale. Er kann daher auch seine Bedürfnisse steigern, aber er wird einmal an die Grenze kommen, wo ihm dies nicht mehr wünschenswert erscheint. Wir nehmen für das weitere an, er sei an dieser Grenze angekommen und befassen uns mit der Frage, weshalb das Kapital wächst.

Es wächst erstens, so lange der Produzent weniger Bedürfnisse hat, als ihm seine natürliche Arbeitskraft zu befriedigen gestattet. Wichtiger ist, daß es wächst, weil seine eigenen Bedürfnisse erheblich kleiner sind, als die des lebendigen Menschen. Wir sahen, daß sich der Sachwert aus dem Verhältnisse zwischen Gesamtarbeitskraft und Gesamtbedarf berechnet. Nun könnte man sagen, daß, je kleiner der Bedarf ist, ein umso größerer Teil der Arbeitskraft auf jede einzelne nötige Bedarfseinheit verwendet werden könne, daß also gerade der Mann mit geringem Bedarfe teuer produziere. Allein man wird richtiger sagen, daß er teuer konsumiert, indem er seine Arbeitskraft ohne Not verschwendet. Er bezahlt alles zu teuer, sei es mit Arbeitskraft, sei es mit ihrem Äquivalent, dem Gelde, wenn er hierfür seine gesamte Arbeitskraft ausgibt. Daneben aber kann der Robinson mit geringem Bedarf seine Arbeitskraft billiger umsetzen, weil auf die Arbeitseinheit eine kleinere Bedarfseinheit entfällt. Die Formeln haben wir an anderer Stelle gegeben („Werturteil", S. 45 ff.); hier interessiert uns nur, daß das Kapital seinen Eigentümer zu einem Produzenten mit großer Arbeitskraft aber geringen Bedürfnissen macht, daß also ein größerer Teil der Arbeitskraft wiederum umgesetzt und in Kapitalform aufbewahrt werden kann. Der dritte Grund geht auf diesen zweiten zurück. Da das Kapital billiger arbeitet als der Mensch, sinkt der Sachwert seiner Produkte, aber solange es mit menschlicher Arbeit in Wettbewerb steht, wird sich der Tauschwert, also der Durchschnitt der Sachwerte gleicher Art und Güte nicht in dem Maße senken, wie sich der einzelne Sachwert bei Kapitalarbeit senkt. So entsteht zwischen Sachwert und Tauschwert ein größerer Unterschied, ein größerer Mehrwert, als ihn der mit lebendiger Arbeitskraft arbeitende Mensch erzielen kann und dieser größere

Mehrwert wird auch wieder kapitalisiert, da die Bedürfnisse des Kapitals nach oben beschränkt sind. Schließlich liegen weitere Gründe für das Anwachsen des Kapitals darin, daß der Kapitalist eine günstige Zeit abwarten kann und daß viele Arbeiten an sich billiger zu liefern sind, wenn sie in größerer Anzahl auf einmal geleistet werden können, wenn also die allgemeinen Unkosten sinken, so daß z. B. eine Maschine bei dreifacher Schicht von je 8 Stunden besser ausgenutzt wird, als bei nur einfacher Schicht. Sie wird auch schneller abgenutzt werden, aber das kommt hier nicht in Betracht. Selbst wenn sie bei dreifacher Schicht dreimal schneller verbraucht und die dreifache Amortisationsquote eingesetzt wird, bleibt doch das Verhältnis zwischen der Arbeitsleistung und der Amortisationsquote dasselbe.

Wir unterscheiden demnach zwei Arten von Mehrwert. Abhängigen Mehrwert nennen wir den, der sich wegen der Unterschiede zwischen Sachwert, Tauschwert, Preis, Gebrauchswert, Genußwert bildet, weil seine Größe abhängig ist von dem Verhältnisse in dem diese Werte unter einander stehen. Unabhängigen Mehrwert nennen wir den, der sich auf Grund selbstständiger Umstände bildet, vor allem auf Grund sittlicher Entschließung des Produzenten als Konsumenten, seine Arbeitskraft voll auszunützen, ohne seine Bedürfnisse dementsprechend zu steigern.

Hier taucht die weitere Frage auf, wie denn das Kapital arbeitet, da es doch an sich geist- und bewegungslos ist. Versetzen wir uns in die vorkapitalistische Zeit, so finden wir auch da schon eine Art Kapital, es bestand aus Bedarfsgütern oder deren Äquivalenten, war also ein Schatz, diente aber, gerade wie das heutige Kapital der Vermehrung des Reichtums dessen, der es besaß oder dem es geliehen war. Wir stellen uns das so vor, daß dieser Schatzbesitzer, solange es anging, diese Bedarfsgüter verbrauchte und in dieser Zeit seine lebendige Arbeitskraft auf Arbeiten verwendete, die lohnender waren als die Beschaffung des unmittelbaren Bedarfs. Er konnte so seine Arbeitskraft nützlicher und einträglicher verwerten und hatte demnach am Schlusse dieses Zeitraums einen Schatz, der größer war, als der vorher empfangene. Hier verhielt sich der Schatz ganz still und diente nur dem Bedarfe, wozu er von vornherein bestimmt war, und doch konnte der Entleiher bei Rückgabe des Geliehenen einen Überschuß zurückbehalten. Um hier beiläufig die Frage nach der Zulässigkeit des Zinses zu streifen, so sind bekanntlich die vorkapitalistischen Schriftsteller der Ansicht, daß das Zinsennehmen verwerflich sei. Sehr begreiflich, denn der Schatz arbeitete gar nicht, sondern nur der Entleiher, und so war der Mehrertrag lediglich Verdienst des Entleihers und es wäre Unrecht gewesen, diesem die Früchte seiner Arbeit zu schmälern. Der Darleiher wurde in nichts geschädigt, da er seinen Schatz zurückerhielt. Für die andere Auffassung ließe sich nur anführen, daß eben der Darleiher dem Entleiher die Möglichkeit bot, seine Arbeitskraft zweckmäßiger zu verwerten, und aus diesem Grunde von dem Ertrage einen Anteil beanspruchte. In der kapitalistischen Gesellschaftsform liegt das Verhältnis etwas anders.

Für die heutige Zeit ist, was die „Arbeit" des Kapitals anlangt, zu unterscheiden. Zunächst dient es auch heute noch als Schatz, der dem Eigentümer die nutzbringendere Anwendung seiner Arbeitskraft gestattet. Er braucht nicht für die Bedürfnisse des Tages zu sorgen, da er das Bedarfsäquivalent jederzeit von seiner Bank abheben kann; er ist daher in seiner Tätigkeit unbeschränkt und leistungsfähiger. Zum anderen bietet dieser Schatz seinem Eigentümer die Möglichkeit, gewisse Arbeiten überhaupt von sich abzuwälzen. Seit nämlich die Produktion von der Konsumtion getrennt ist, und der Konsument die Möglichkeit hat, von der Produktionsstelle zu fliehen, ist die Herstellung von Gebrauchsgütern zum Tausche immer aussichtsloser geworden, da der, mit dem man tauschen könnte, immer schwerer erreichbar geworden ist. Wir können hier auf die Handwerker verweisen, bei welchen man, mit einigen Einschränkungen, heute noch annehmen kann, daß sie tauschen, nicht verkaufen, da sie vielfach Gebrauchsgut gegen Bedarfsäquivalent austauschen. Bei diesen sind die Arbeitsverhältnisse immer schwieriger geworden, weil die Konsumenten ihrer Produkte seltener geworden sind. Es kam also die Klasse der Lohnarbeiter auf, die nicht für den unmittelbaren Bedarf arbeiten, sondern lediglich ihre Arbeitskraft umsetzen wollen. Diese Lohnarbeiter sind ihrer sozialen Lage nach Leute mit verhältnismäßig wenig ausgebildeter geistiger Arbeitskraft, auch Leute mit verhältnismäßig geringen Bedürfnissen und Ansprüchen; ihnen kommt es weniger darauf an, was sie arbeiten, als daß sie arbeiten, und so müssen sie in der Not ihrer Lage die angebotenen Arbeiten annehmen, nur um ihre Arbeitskraft überhaupt verwenden zu können. Indem ihnen der Kapitalist diese Möglichkeit bietet, stellt er sie da ein, wo sie ihm nützlich zu sein scheinen und erspart sich selbst die Arbeitsleistungen, zu welchen jene fähig sind. Er wird somit Unternehmer, die Lohnarbeiter werden Produktionsgehilfen.

Die dritte Art der Kapitalarbeit unterscheidet sich von der eben besprochenen nur dadurch, daß der Kapitalist sein Kapital im ganzen aus der Hand gibt und einem anderen überläßt, es in der geschilderten Art zu verwenden. Er vertraut es etwa einer Aktiengesellschaft an und wird so Kapitalist im modernsten Sinne. Hier ist das kennzeichnende, daß er einen regelmäßigen Abwurf bezieht, den man bei der Aktiengesellschaft Dividende nennt, in anderen Formen Zins oder Rente. Der Unterschied zwischen Dividende und Zins – jene ist wechselnd, dieser gleich hoch bei jeder Hebung, – ist für uns unerheblich, wir fragen nur danach, wie sich der Zins rechtfertigt, und sehen dabei noch von dem ab, was als Risikoprämie oder als Unternehmergewinn die Höhe des Abwurfs beeinflussen mag. Wir finden die Rechtfertigung des Zinses sofort, wenn wir uns vergegenwärtigen, daß der Genußwert einer Arbeitsleistung höher ist, als ihr Sachwert. Dies gilt besonders für Kapitalarbeitsleistungen, weil bei ihnen, wie wir sahen, der Sachwert sinkt, während der Genußwert des Produktes derselbe bleibt. Wir haben das früher schon angedeutet („Werturteil" S. 22 Anmerkung) und brauchen nur auszuführen, daß einerseits der Kapitalist, wenn er sein Kapital in einer der oben beschriebenen Arten selbst anwenden wollte, diesen ganzen Mehrwert selbst beziehen würde, daß ihn aber andererseits nun der Entleiher des Kapitals bezieht. Für diesen ist das Kapital nicht Äquivalent für Bedarf, sondern Äquivalent für Arbeitskraft, er nützt im Kapital die Arbeitskraft des Kapitalisten aus, aber es liegt auf der Hand, daß sich der Kapitalist das nicht gefallen zu lassen braucht. So nimmt zwar der Entleiher zunächst den ganzen Mehrwert ein, aber er muß ihn mit dem Eigentümer der kapitalisierten Arbeitskraft teilen, in welchem Verhältnisse sie teilen, ist für uns nebensächlich. Setzen wir das Kapital in die oben gebildete Reihe ein, Sachwert, Preis, Genußwert, so ist es beim Kapitalisten Sachwert schlechthin, beim Entleiher Genußwert, sein Preis wird in einer Rente ausgedrückt, dem Zins, der also beiden Beteiligten Anteil am Mehrwert läßt, und gewöhnlich dem Entleiher den größeren Anteil, freilich aber auch das größere Risiko. Der Kapitalist erhält nicht den vollen Ertrag seiner kapitalisierten Arbeitskraft, aber er hat dafür den Vorteil, ganz nach seinen Wünschen produzieren zu können, oder überhaupt nur die Früchte früherer Tätigkeit zu genießen.

Wie dies alles vom selbsterarbeiteten Kapital gilt, so gilt es auch vom ererbten oder sonst irgendwie erworbenen. Der Kapitalerbe oder Kapitalerwerber tritt in die wirtschaftliche Stellung seines Vormannes ein uud wir haben dieses Verhältnis hinzunehmen, ohne es hier kritisieren zu müssen. Hierzu wird sich anderweit Gelegenheit finden. Für uns handelt es sich noch nicht um eine Kritik der bestehenden Gesellschaftsordnung, sondern um ihr Verständnis, das durch Marx so ungemein erschwert worden ist. Wir können um so leichter hier von einem Eingehen auf die verschiedenen Arten der Kapitalansammlung absehen, als ja das Kapital dieselben Eigenschaften hat, mag es so oder so erworben sein. Allerdings aber ist es für die moralische Würdigung des Kapitals von großer Bedeutung, ob es wirtschaftlich oder außerwirtschaftlich erworben ist, und das wirtschaftlich erworbene Kapital ist sittlich höher einzuschätzen, als das außerwirtschaftlich erworbene, weil es allermeist der Tüchtigkeit des Besitzers seine Entstehung und sein Wachstum verdankt. Daß auch das wirtschaftlich erworbene Kapital durch Mißbrauch der Fähigkeiten des Kapitalisten oder durch Mißbrauch wirtschaftlicher Verhältnisse entstehen kann, ist selbstverständlich.

§ 8.

Kauf und Verkauf der Arbeitskraft.

Marx verwendet mehr als zehn Seiten darauf, die Widersprüche der im Eingange des vorigen Paragraphen angeführten widerspruchsvollen Formel für die Entstehung des Kapitals von allen möglichen Seiten zu beleuchten und sagt S. 129: „Die Verwandlung des Geldes in Kapital ist auf Grundlage dem Warenaustausch immanenter Gesetze zu entwickeln, so daß der Austausch von Äquivalenten als Ausgangspunkt gilt. Unser nur noch als Kapitalistenraupe vorhandener Geldbesitzer muß die Waren zu ihrem Werte kaufen, zu ihrem Werte verkaufen und dennoch am Ende des Prozesses mehr Wert herausziehen, als er hineinwarf ..... dies sind die Bedingungen des Problems. „Hic Rhodus, hic salta!"

Wir sehen, wie der falsche Ausgangspunkt seiner Untersuchungen Marx zu falschen Problemstellungen verleitet. Die Gesetze des Tausches sind andere als die des Kaufes, dort werden Genußwerte, hier Sachwerte ausgewechselt, und hier wie dort haben die beiden Tauschgüter nicht objektiv denselben Wert, sondern sie lassen sich nur subjektiv in der Privatwirtschaft jedes der beiden Tauschenden auswechseln. Jeder von diesen kommt nicht nur als Produzent oder als Konsument in Betracht, sondern als Produzent zum Selbstkonsum. Es sei nur noch daran erinnert, daß, wenn Marx vom Tausche im Handel spricht, sich die wesentlichen Verhältnisse nicht ändern. Der Händler ist nach der einen Seite Zwischenkonsument, nach der anderen Zwischenproduzent, wie wir das („Werturteil" S. 57) eingehend dargestellt haben. Der Produzent wie der Konsument werfen Sachwerte (oder deren Äquivalent) in den Prozeß und ziehen Genußwerte (oder deren Äquivalent) heraus. Wir sahen, daß der Genußwert unbedingt größer sein muß, als der Sachwert, wenn das Geschäft überhaupt zustande kommen soll.

Wenn so das von Marx gestellte Problem gar nicht besteht, kann es auch nicht so aufgeklärt werden, wie Marx es versucht; immerhin bieten seine Ausführungen Anlaß zu einigen Bemerkungen, die unseren eigenen Standpunkt verdeutlichen können. Marx behauptet, der Geldbesitzer finde auf dem Markte eine Ware, deren eigentümliche Beschaffenheit sei, Quelle von Wert zu sein. Im Grunde genommen ist jedes Bedarfsgut Quelle von Wert, insofern es dazu dient, die Zufriedenheit des Menschen, die der wesentlichste und eigentliche Wert des Lebens ist, zu fördern. In diesem Sinne haben auch wir die Arbeitskraft Wert genannt. Aber Marx meint mit „Wert" den Tauschwert oder Warenwert, der in einer gewissen Menge abstrakter Arbeit bestehen soll. Wenn wir uns dem anpassen wollen, so müssen wir mit Marx sagen, daß in jedem Produkte ein Teil Arbeitskraft materialisiert ist, aber dieser Teil ist nicht die Frucht der Arbeitskraft, sondern eben ein Teil von ihr; ebenso wie der Stamm nicht die Quelle der Bretter ist, die aus ihm gesägt werden, sondern das Ganze, von welchem die Bretter Teile sind. So ist auch nicht die Arbeitskraft eine Quelle von Wert, sondern sie ist der von Natur gegebene Vorrat, mit welchem Robinson zu wirtschaften hat. Seine Quelle ist der Mensch selbst, der seine Bedürfnisse befriedigt. Schließlich aber ist auch die Arbeitskraft keine Ware. Marx sagt selbst S. 1, die Ware sei ein äußerer Gegenstand, ein Ding; die Arbeitskraft ist das nicht. Er sagt S. 7: um Ware zu produzieren, müsse man nicht nur Gebrauchswert produzieren, sondern Gebrauchswert für andere; aber die Arbeitskraft ist nicht das, was Marx Gebrauchswert nennt, so vielfältig er auch diesen Ausdruck verwendet, und am wenigsten ist sie Gebrauchswert für andere. Sie ist von der Natur für ihren Inhaber bestimmt und kann von anderen überhaupt nicht gebraucht werden. Dagegen kann sie natürlich ihr Inhaber für fremde Interessen verwenden, wodurch sie freilich weder Gebrauchswert noch Ware wird.

Unter welchen Bedingungen begegnen sich der Geldbesitzer und der Lohnarbeiter auf dem Markte? Wir sahen, beide sind Robinsons, aber beide sind an der unmittelbaren Aneignung ihres Bedarfs aus den Schätzen der Natur dadurch gehindert, daß sich zwischen Robinson und die Natur das Produktionsverfahren eingeschoben hat. Der Geldbesitzer, der hier als Konsument auftritt, kann die Gegenstände seines Bedarfs nicht erreichen, der Lohnarbeiter, der als Produzent auftritt, kann die Gegenstände seiner Arbeitsleistung nicht erreichen, beide sind auf Vermittelung im Produktionsverfahren angewiesen. Wir müssen aber den Fall noch verwickeln und zwar zunächst so, daß einerseits der Konsument die Gegenstände seines Bedarfs sich nicht mehr unmittelbar aneignen kann, andererseits aber der Produzent der Mann ist, welcher am äußeren Rande des Produktionsverfahrens sitzt und sich die tauglichen Sachen aneignet, für die er aber keinen persönlichen Bedarf hat. So sehen wir, daß der Weg von der Natur zum Konsumenten durch den Produzenten gesperrt ist, der seine Produkte nur gegen Ersatz seiner Arbeitsleistung herausgibt, nicht sie schenkt, wie die Natur. Aber wir merken auch, daß in der Marxschen Voraussetzung auch der Lohnarbeiter von der Natur abgeschnitten ist; er ist gar nicht Produzent, und wir finden später, daß bei Marx der Geldbesitzer zugleich der Mann ist, welcher über die Naturschätze verfügt, daß dieser also der eigentliche Produzent ist, der sich zwischen die Natur und den Konsumenten, also den Lohnarbeiter stellt. Dieses quid pro quo erklärt sich daraus, daß Marx den Geldbesitzer nicht nur als Kapitalisten, als Konsumenten auffaßt, sondern zugleich als Unternehmer. In dieser Eigenschaft ist er die verkörperte Produktionssphäre: er verfügt über die Schätze der Natur, aber weder der Geldbesitzer noch der Lohnarbeiter kann unmittelbar an sie heran, beide sind vom Unternehmer abhängig, der eine, um seinen Bedarf zu decken, der andere, um seine Arbeitskraft umzusetzen. Es ist klar, daß bei so verwickelter Problemstellung bei Marx nichts Gutes herauskommen kann. Wir wollen daher die Möglichkeiten der Begegnung auf dem Markte schematisch darstellen.

Robinson steht der Natur unmittelbar gegenüber, er braucht keinen Markt.

Der Produzent schiebt sich zwischen die Natur und Robinson. Letzterer erscheint nur noch als Konsument und ist auf den Markt angewiesen.

Der Unternehmer stellt sich zwischen die Natur und den Produzenten und macht letzteren von sich abhängig.

Der Produzent wird Produktionsgehilfe des Unternehmers, dieser der eigentliche Produzent und jener scheidet aus dem Produktionsverfahren aus.

Der Konsument ist nun auf den Unternehmer als den Herrscher in der Produktionssphäre angewiesen, um seinen Bedarf decken zu können.

Bei der Trennung der Produktion von der Konsumtion ist die Sachlage zunächst so, daß Robinson nur aufhört, Produzent gewisser Güter zu sein; er bleibt Produzent anderer Güter und schöpft als solcher unmittelbar aus den Schätzen der Natur. Schließlich bleiben ihm aber nur die Schätze, die die Natur selbst ihm unveräußerlich gegeben hat, seine körperlichen und geistigen Anlagen, und es kommt darauf an, wie weit diese zur Deckung seines Bedarfs reichen. Insoweit er trotz dieser Anlagen auf Bearbeitung natürlicher tauglicher Sachen angewiesen ist, wird er als Produzent vom Unternehmer abhängig. Lohnarbeiter nennen wir den Mann, der seinen Unterhalt im wesentlichen nicht durch geistige, sondern durch körperliche Arbeit gewinnt.

Wir wenden uns nun zu Robinson-Lohnarbeiter, der von der Produktion durch den Unternehmer ausgeschlossen, aber in der Konsumtion auf ihn angewiesen ist. Produzent ist ausschließlich der Unternehmer, dessen Wille die natürlichen tauglichen Sachen auswählt, ihre Bearbeitung bestimmt und den Konsumenten sucht, der schließlich auch die vom Konsumenten an ihn zu zahlende Vergütung für Arbeitsleistung festsetzt. Der

Lohnarbeiter hat mit alledem nichts zu tun, er steht dem Produkte stets als ein Fremder gegenüber und hat nur ein beschränktes Interesse an dem Schicksal der Ware. In den niedrigeren Klassen wird, je mehr der Anteil an geistiger Arbeit zurücktritt, auch sein Interesse an der Art der Arbeit selbst geringer, dem ungelernten Arbeiter ist es völlig nebensächlich, ob er Schnee schaufelt oder Botengänge besorgt oder den Maurern hilft. Er hat nur noch das Interesse, seine körperliche Arbeitskraft selbst zu verwenden.

Trotzdem muß Robinson-Lohnarbeiter Produzent sein, denn wir sahen, daß jeder Mensch Produzent zum Selbstkonsum ist. Er sucht also auf dem Markte, was er produzieren könne und begegnet dem Schatzbesitzer, dem Unternehmer. Nun sind wir wieder bei der Voraussetzung von Marx angelangt. Der Unternehmer verfügt über alle tauglichen Sachen, denn der Lohnarbeiter kann an keine heran. Der Unternehmer hat sich die Produktion der Güter, die Gebrauchsgegenstände sind, oder werden sollen, vorbehalten, aber er besitzt noch eine taugliche Sache, deren Produktion für ihn kein Interesse hat, das ist sein Schatz. Der Schatz hat für ihn unter allen Umständen die Eigenschaft als Bedarfsgut, er hat aber auch die als Äquivalent für Bedarfsgut und schließlich, als umgesetzte Arbeitskraft, auch die als Äquivalent für Arbeitskraft. Er kann ihn in jeder dieser Formen verwerten, aber er ist nicht immer gleich stark auf die Verwertung angewiesen. In der Tat, wenn seine Arbeitskraft so groß ist, daß er diesen Schatz zurücklegen konnte, so wird sie ihm auch sein ferneres Auskommen gestatten; zum mindesten kann er mit der Verwertung warten.

Aber der Lohnarbeiter kann nicht warten, weil er sonst, ohne seinen Unterhalt gefunden zu haben, seine lebendige Arbeitskraft einbüßt. Er muß sie umsetzen, wenn nicht in Sachwerte, so doch in ihr Äquivalent, er muß produzieren, wenn nicht Bedarfsgüter, so doch ihr Äquivalent. Er ist also bereit, seine Arbeitskraft auf Produktion von Äquivalenten für Bedarfsgüter zu verwenden, er ist bereit, Geld zu produzieren. Dem Unternehmer ist das gerade recht, er stellt seinen Schatz zur Verfügung und sagt: dieser Schatz besteht aus Äquivalenten für Arbeitsleistung, aber er hat die Schatzform, die Form als Bedarfsgut. Mir liegt daran, ihn als Äquivalent für Arbeitsleistung wieder flüssig zu machen, dir paßt es, dieses Äquivalent als Äquivalent für Bedarf einzunehmen, folglich wende deine Arbeitskraft daran, diesen Schatz umzuproduzieren, und zwar, indem du mir bei meiner Produktion hilfst. Du erhältst für die Stunde so und so viel Äquivalent für Bedarf. Der Lohnarbeiter sagt sich, er könne nicht an die unmittelbare Produktion heran, ebenso wenig könne er, als Robinson, konsumieren, ohne produziert zu haben, folglich sei es für ihn annehmbar, mittelbar zu produzieren; statt aus tauglichen Sachen Bedarfsgüter zu machen, wolle er für sich aus dem Schatze, dem Äquivalent aller tauglichen Sachen sein Bedarfsäquivalent produzieren, und beide einigen sich auf irgend eine Vergütung, richtiger auf den Maßstab, nach welchem die Arbeitsleistung des Lohnarbeiters in Äquivalent für Arbeitsleistung ausgedrückt wird.

Es handelt sich also durchaus nicht um den Verkauf der Arbeitskraft, der ja auch gar nicht möglich wäre, und so stehen sich Geldbesitzer und Lohnarbeiter durchaus nicht als ebenbürtige Warenbesitzer gegenüber, sondern jener ist es, der dem Lohnarbeiter ermöglicht, zu produzieren, obgleich er an die Natur nicht heran kann. Der Lohnarbeiter ist sozusagen ein Äquivalent-Robinson geworden.

Die beiden Fragen, die nun auftauchen, sind: Wie kommt es, daß der Unternehmer sowohl den Produzenten, wie auch den Konsumenten von der unmittelbaren Berührung mit der Natur ausschließen kann? und dann: Nach welchen Gesichtspunkten wird der Maßstab der Vergütung zwischen Unternehmer und Lohnarbeiter festgesetzt?

Was die erste Frage anlangt, so ergibt sich die Trennung der Produktion von der Konsumtion als geschichtliche Tatsache. Ihr liegt zu Grunde, daß nicht jeder für jede Produktion gleichmäßig geeignet ist, ebenso wenig für jeden Konsum. Die Trennung war also vorteilhaft, weil sie die Produktion denen überließ, die besonders zweckmäßig produzieren konnten. Aus der Trennung von Produktion und Konsumtion folgte aber auch die Trennung des Produzenten vom Konsumenten und das Eingreifen des Händlers. Auch der Händler war nötig geworden und erwies sich als vorteilhaft, weil er die fehlende Verbindung zwischen Produzenten und Konsumenten herstellte. Insbesondere sagte er den Produzenten, was und wie sie es produzieren müßten, damit ihr Produkt Abnehmer fände, und er gewann hierdurch Einfluß auf die Produktion. Er bildete sich mehr und mehr zum Unternehmer um, der die Produktion auf eigenes Risiko betrieb und auch in dieser Hinsicht den bisherigen Produzenten Vorteile gewähren konnte. Schließlich verschaffte er sich die Rohmaterialien und konnte nun nach seinen Wünschen produzieren lassen, was und wo er wollte. So ist heute jede Industrie davon abhängig, daß ein Unternehmer vorhanden ist, der das, was sie braucht, ihr liefert. Der einzelne ist gar nicht mehr in der Lage, sich unmittelbar an die Natur zu wenden, und wenn er es wäre, würden ihm meist die Mittel fehlen, mit dem Unternehmer in Wettbewerb zu treten. Hierauf ist jetzt noch nicht näher einzugehen, auch ist bekannt, daß öfters das Unterfangen eines einzelnen, aus einem Produktionsgehilfen Produzent zu werden, von Erfolg begleitet wurde. Was dem Lohnarbeiter meist fehlt, ist die genügende Größe der geistigen Arbeitskraft und die Charakterstärke, seinen Bedarf unter der zulässigen Grenze zu halten. Nimmt man diese Verhältnisse, wie sie sind, so ist das Vorhandensein des Unternehmers ein Glück für die Lohnarbeiter und eine wesentliche Erleichterung ihres Daseins, was gewöhnlich erst anerkannt wird, wenn ein Unternehmer seinen Betrieb einstellt.

Die Frage nach der Lohnhöhe ist theoretisch schon oben beantwortet. Auch Marx sagt S. 133 ff. hierüber einiges richtige. Wir begnügen uns, hinzuzufügen, daß die Stellung des Unternehmers die günstigere ist, weil er warten kann. Er kann das freilich nicht immer, ohne den ganzen Betrieb zu gefährden und daher liegt es nicht im Interesse des Lohnarbeiters, den Unternehmer zum Warten zu zwingen. Sie ist auch günstiger wegen der Konkurrenz der Lohnarbeiter. Der Lohn setzt sich gerade so fest, wie der Tauschwert, dieser ist der Durchschnitt aller Sachwerte, der Lohn der Durchschnitt aller Arbeitswerte. Dieser Lohn wird durch Mitwirkung von Maschinenarbeit noch gesenkt. Je tiefer er steht, desto eher ist es dem Unternehmer möglich, wirtschaftlich produktiv zu sein. So ist also möglichste Ausdehnung der Maschinenarbeit wirtschaftlich wünschenswert. Aber sie ist es nicht, wenn man sie vom Standpunkte des Lohnarbeiters – als Produktionsgehilfen – aus betrachtet, denn je tiefer der Lohn sinkt, desto mehr muß die Lebenshaltung des Arbeiters sinken. Dieses Sinken wird vielfach dadurch ausgeglichen, daß der Sachwert der Maschinenprodukte wesentlich niedriger ist, als der der Produkte von Handarbeit. Im Übrigen können die Lohnarbeiter durch Einschränkung ihrer eigenen Konkurrenz oder durch die Drohung mit der Einstellung der Arbeit versuchen, ihren Lohn zu erhöhen. Diese Möglichkeit findet aber für den einzelnen Unternehmer ihre Grenze an der Konkurrenz der Unternehmer. So kann es kommen, daß die Lohnarbeiter, statt eine Lohnerhöhung zu erhalten, entlassen werden müssen, weil der Unternehmer dieser Konkurrenz nicht mehr gewachsen ist.

So zeigt sich, daß im heutigen wirtschaftlichen Leben weder der Unternehmer noch der Lohnarbeiter allein ausschlaggebend ist oder sein kann. Beide sind aufeinander angewiesen und es ist ein Zerrbild, womit Marx den Abschnitt über Kauf und Verkauf der Arbeitskraft schließt.

§ 9.

Arbeitsprozeß und Verwertungsprozeß.

Um den richtigen Standpunkt für die Beurteilung der Marxschen Ausführungen über den Arbeitsprozeß (S. 139 ff.) zu gewinnen, müssen wir zu unserm Robinson zurückkehren. Wir sahen, daß für ihn die Dinge Wert sind, die ein Bedürfnis von ihm befriedigen, gleichgültig welches, und daß die Arbeitskraft als Mittel der Bedarfsdeckung ebenfalls für ihn Wert hat. Wir nannten die Gegenstände, welche der Bedürfnisbefriedigung dienen, taugliche Sachen und waren uns darüber klar, daß die Tauglichkeit eine Natureigenschaft ist, deren obere Grenze jeweils in dem Augenblicke bestimmt wird, an dem die Sache das Produktionsverfahren verläßt. Aber in diesem Augenblicke verliert die Sache auch die Bedeutung als Ware, als Produkt mit Tauschzweck, und ihr einziger Zweck besteht nur noch darin, den Bedürfnissen des Robinson-Konsumenten zu dienen. Dieser muß, um seinen Zweck, den Gebrauch und Verbrauch der Sache zu erreichen, Arbeitskraft aufwenden, sei es unmittelbar, wenn er sich die Sache aus der Natur selbst aneignet, sei es mittelbar, indem er andere Arbeitsleistungen durch Geld vergütet, also die Sache kauft. Was nun der Konsument mit der Sache macht, wie er sie gebraucht oder verbraucht und wie groß die Vorteile sind, die sie ihm bringt, alles das entscheidet sich lediglich in seiner Privatwirtschaft. Das gilt ganz allgemein für alle tauglichen Sachen, den Apfel wie den Hammer, die Zeitung wie das Dampfschiff.

Nun ist es zwar gleichgültig, welches Bedürfnis durch die taugliche Sache befriedigt wird, aber es gibt Bedürfnisse, die eine besondere Betrachtung verlangen. Wir müssen hier unterscheiden zwischen den Bedürfnissen des Konsums und denen der Produktion. Zur ersteren gehören die Nahrungsmittel und die Gegenstände des täglichen Gebrauchs; von ihnen sind die Bedürfnisse der Produktion nicht genau zu trennen: wir kommen den wesentlichen Kennzeichen nahe, wenn wir sie Bedürfnisse der Arbeitskraft nennen. Wir wissen, daß die Arbeitskraft ausreichen muß, den Gesamtbedarf zu decken, kennen aber auch die Naturgesetze, welche eine günstigere Ausnutzung der Arbeitskraft gestatten, die Arbeit ermöglichen, erleichtern oder abkürzen. Hier sei nur an den Speer, den Pfeil, die Flinte des Jägers erinnert, an Hammer und Zange als allgemeine Gebrauchsgegenstände, an Lokomotiven und Drahtseilbahnen als Gegenstände besonders großer Arbeitsleistung und an das Gesetz der Hebelwirkung. Ihr Zweck ist aber auch lediglich, die Arbeitskraft ihres Robinsons zu schonen, Arbeitskraft zu sparen. Man kann dem Wilde nachlaufen oder auflauern, man kann einen Nagel mit einem Stück Holz einschlagen, kann Güter ohne Lokomotiven befördern, aber Robinson spart Arbeitskraft, wenn er zu alledem Maschinen und Geräte anwendet, und nur hierin liegt der Wert aller der Dinge, welche Marx Produktionsmittel nennt.

Robinson muß sich überlegen, ob der zu vergütende Aufwand an Arbeitsleistung, ob die Kosten dieser Geräte in einem günstigen Verhältnisse zu dem Vorteile stehen, den er sich von ihnen verspricht, ob die Arbeitsleistung, die er für ihren Kauf weggibt, durch die spätere Ersparnis an Arbeitsleistung in seiner Privatwirtschaft ausgeglichen wird. So wird er sich ein Jagdgewehr nur kaufen, wenn er oft Gelegenheit oder Veranlassung hat, zu jagen, eine Drahtseilbahn nur bauen, wenn viele Rohmaterialien zu befördern sind, und, was die Hauptsache für uns ist, alle diese Geräte und Maschinen sind in ihrer Leistung nur als Arbeitskraft ihres Robinson zu bewerten. Es ist im Erfolge einerlei, ob er dem Wilde tagelang aufgelauert hat oder es gleich beim ersten Begegnen auf größere Entfernung hin erlegen konnte; es ist auch einerlei, ob er eine Last auf dem Rücken oder mit dem Hundewagen befördert: wirtschaftlich kommt es nur auf das Ergebnis der Arbeitsleistung an und es ist unerheblich, ob Robinson dieses Ergebnis so oder so, mit viel oder mit wenig Kraftanstrengung erreicht. Aber für Robinson selbst ist es nicht unerheblich, sondern es ist äußerst wichtig, daß er seine Leistungen mit möglichst geringem Kraftaufwande vollbringt. Er selbst hat dann den Vorteil ersparter Arbeitskraft, er kann seine Bedürfnisse ausdehnen, oder produktiv arbeiten, indem er seine überschüssige Arbeitskraft nur umsetzt und kapitalisiert.

Ferner sahen wir, daß das Kapital nur umgesetzte Arbeitskraft ist und daß das Kapital nur als Arbeitskraft wirken kann. Ebenso aber, wie es wirkt, wenn es Vergütung für die Leistungen natürlicher Arbeitskraft des Produktionsgehilfen ist, so wirkt es auch, wenn es wiederum in Geräte und Maschinen umgesetzt wird, welche die Arbeitskraft des Produzenten, Robinsons selbst, unterstützen. Jedes Gerät ist umgesetzte Arbeitskraft und vermehrt lediglich die Arbeitskraft seines Besitzers, dessen, der die in ihm dargestellte Leistung durch Kauf zu seiner eigenen Arbeitsleistung gemacht hat. So ist die Arbeitskraft des Eigentümers einer Dreschmaschine um so viel gesteigert, als eben diese Maschine mehr leistet, – aber nach Abzug ihrer Kosten. Sehen wir zunächst von dieser Einschränkung ab. Setzen wir den Bedarf dieses Mannes gleich 5 ℳ, setzen wir aber den Bedarf der Maschine an Wartung, Heizung und Amortisation auch gleich 5 ℳ, setzen wir aber ferner die Arbeitsleistung des Mannes = 1 und die der Maschine = 10, so stehen den 2 Bedarfseinheiten 11 Leistungseinheiten gegenüber und der Eigentümer der Maschine braucht persönlich überhaupt nicht mehr zu arbeiten, die Maschine deckt ihren eigenen und seinen Bedarf und stellt noch 8 Leistungseinheiten zur Verfügung. Diese gebühren ihrem Eigentümer, weil er die Maschine gekauft hat.

Der Wert der sogenannten Produktionsmittel besteht also nicht in dem, was sie gekostet haben, wie Marx meint, sondern in dem, was sie über ihren Bedarf hinaus leisten, gerade wie wir das für den produktiven Menschen festgestellt haben. So kann aber auch der Wert nicht in die Produkte eingehen. Alle Ausführungen, die Marx hierüber macht, sind falsch. Nehmen wir Garn an (Marx S. 149). Rohmaterial war Baumwolle; sie ist eine taugliche Sache und als solche ein Geschenk der Natur, also in diesem Sinne wertlos, der Natur wird ihre Arbeitsleistung nicht vergütet. Die Baumwolle muß aber durch die Produktionssphäre und kommt auf den Markt, begleitet von der Rechnung über den bisherigen Arbeitsaufwand. Dieser wird vom Käufer, der also Konsument der rohen Baumwolle ist, weiterhin aber als Produzent erscheint, vergütet und die Baumwolle tritt in die private Konsumtionssphäre des Käufers ein. Hier wird sie verarbeitet und erscheint am anderen Rande dieser Konsumtionssphäre wieder im Güterumlaufe, sie sucht als Garn wieder einen Konsumenten. Die sie begleitende Rechnung ist größer geworden, da sie nun auch die Leistung des Baumwollkäufers mit umfaßt. Aber sie ist nicht so groß, als sie sein würde, wenn zu ihrer Verarbeitung nur natürliche Arbeitskraft verwendet wäre. Hierdurch wird nur die mögliche Höchstgrenze ihres Preises bestimmt. Der Garnproduzent rechnet vielmehr seinen Bedarf und den seiner Maschine (des Kapitals, der Spindel, wie wir es nennen wollen) zusammen und stellt das Verhältnis dieses Bedarfs zur Gesamtarbeitskraft fest, d. h. er braucht das Garn nur um so viel teurer zu verkaufen, als er es gekauft hat, daß der Gesamtbedarf gedeckt wird, und kann die überschießende Arbeitskraft verschwinden lassen. Setzen wir die eben gegebenen Zahlen ein, so würde, wenn Käufer und Maschine (für die Spindel passen die Zahlen nicht, weil sie zu groß sind, aber es kommt nicht darauf an), zusammen 10 ℳ Bedarf haben, er, unser Robinson seinen Bedarf in zehnstündiger Arbeit deckt, seine Maschine den ihrigen aber in einer Stunde, der Preis des Produktes um 10 ℳ höher sein als der Einkaufspreis. Das ist, wie gesagt, die obere Grenze seines Preises. Nun aber arbeitet die Maschine 10 Stunden und erarbeitet das zehnfache ihres Bedarfs. Auf eine Stunde entfällt daher nur $^1/_{10}$, und so würde der Verkaufspreis 5,50 ℳ mehr betragen, als der Einkaufspreis. Schließlich deckt aber die Maschine in einer zweiten Stunde auch den Bedarf ihres Eigentümers mit $^1/_{10}$ ihrer eigenen Leistung und so braucht der Verkaufspreis nur 1 ℳ höher zu sein, als der Einkaufspreis. Dies ist die untere Grenze.

Wo aber bleibt der Wert der Maschine? Marx sagt (S. 146) die Arbeit verbrauche ihre stofflichen Elemente und er rechnet (S. 149) die in der Verarbeitung der Baumwolle verzehrte Spindelmasse. Den Wert der Spindelmasse berechnet er nach den Kosten der Spindel, anteilig zurückgeführt auf die Einzelarbeitsleistung im Verhältnis zur Gesamtarbeitsleistung der Spindel. Wenn eine Maschine 900 ℳ gekostet hat und drei Jahre aushält, so würde ihr Tageswert 1 ℳ sein, der also in das Produkt eingehen soll. Aber wir haben gesehen, daß der Wert der Maschine gerade in dem besteht, was sie über ihre

Kosten hinaus leistet, und es ist klar, daß die Kosten der Maschine nicht in das Produkt eingehen. Wir müssen uns wieder auf unseren Robinson zurückziehen und die Frage von seinem Standpunkte innerhalb seiner Privatwirtschaft aus beantworten.

Hier zeigt sich zunächst, daß die in Kapital umgesetzte Arbeitskraft unbegrenzte Dauer hat, das in eine Maschine umgesetzte Kapital aber nur begrenzte Dauer. Robinson muß, um sein Kapital zu erhalten, die Maschine amortisieren, also wenn 900 ℳ Kapital in eine Maschine von drei Jahren Lebensdauer umgesetzt worden sind, täglich 1 ℳ ihres Ertrages zurücklegen und zurückkapitalisieren und er wird diese Mark zu dem Bedarf der Maschine hinzurechnen, gerade als ob er mit einer täglichen Reparatur in Höhe von 1 ℳ die Maschine unbegrenzt lange in Gang halten könnte. Es ist das ebenso Bedarf der Maschine, wie die Nahrungsmittel Bedarf des Menschen sind, nur daß hier tatsächlich von Tag zu Tag repariert werden muß, wenn der menschliche Organismus in Gang bleiben soll und daß der Mensch schließlich aus außerwirtschaftlichen Gründen untergeht, wobei dann auch die „Reparaturkosten" mit verschwinden. Diese 1 ℳ täglich vermindert also die Reineinnahme und hiermit den Wert der Maschine, wie wir ihn verstehen, sie ist in den 5 ℳ, die wir oben annahmen, mit eingesetzt, erhöht also die Kosten der Arbeitsleistung oder genauer, sie vermehrt die erforderliche Arbeitsleistung und drückt damit den Verkaufspreis in die Höhe. Das ist also eine Berechnung, die Robinson in seiner Privatwirtschaft anstellt und die von der Art der Arbeitsleistung oder der des Produktes ganz unabhängig ist. Es ist nur eine privatwirtschaftliche Frage, ob und wie Robinson den Verbrauch der Maschine berücksichtigt. Auf alle Fälle ist jeder Betrag, der im Verkaufspreise erscheint, auf eine Vergütung für Arbeitsleistung zurückzuführen, nicht darauf, daß der Arbeitsprozeß seine stofflichen Elemente verbraucht.

Wenn wir die taugliche Sache, wie wir sie kennen gelernt haben, von dem Marxschen Produkt, seiner Ware, genau unterscheiden und wenn wir uns bewußt sind, daß alle Kosten, die zu vergüten sind, Vergütung für Arbeitsleistung darstellen, so werden wir auch die „zwei eigentümlichen Phänomene", die Marx S. 147 sieht, richtig beurteilen können. Der Arbeiter arbeite unter der Kontrolle des Kapitalisten, dem seine Arbeit gehöre. Dieser passe auf, daß die Arbeit ordentlich von statten gehe und kein Rohmaterial vergeudet werde. Marx verwechselt hier den Kapitalisten mit dem Produzenten. Der Produzent eignet sich die Schätze der Natur an, die in seinem Betriebe als Rohmaterial erscheinen und diese Aneignung ist nur dann zu beanstanden, wenn sie dem Konsumenten seine Bedarfsdeckung erschwert oder unmöglich macht. Hier genügt die vorläufige Feststellung, daß der Produzent diese Verfügungsgewalt innerhalb der bestehenden Rechtsordnung erworben hat. Er sieht also mit Recht darauf, daß kein Rohmaterial vergeudet wird. Der Produzent steht aber auch an der Grenze des Wirtschaftsgebietes, die dem Konsumenten zugekehrt ist; er selbst, nicht der Arbeiter produziert und es ist selbstverständlich, daß er darauf sieht, den Lohnarbeiter zu ordnungsmäßiger Arbeit und gleicher Behandlung der Arbeitsinstrumente anzuhalten. Ersteres, denn es ist seine eigene Arbeitskraft, mit der er die Leistung des Lohnarbeiters vergütet, letzteres, denn es ist sein Kapital, also ebenfalls seine eigene Arbeitskraft, die in Gestalt des Arbeitsinstruments erscheint. So hat das erste Phänomen nichts auffallendes.

Das zweite Phänomen erledigt sich ganz einfach dadurch, daß der Kapitalist Produzent ist, nicht der Lohnarbeiter. Der Produzent setzt seine in Schatzform zusammengesparte Arbeitskraft wieder in lebendige Arbeitskraft um, wogegen der Lohnarbeiter seine lebendige Arbeitskraft in das Bedarfsäquivalent Geld umsetzt. Die Eigentumsverhältnisse an dem Arbeitsgegenstand werden hiervon gar nicht berührt. War der Produzent Eigentümer, so bleibt er es, war er es nicht, so entstehen Rechtsfragen, auf die hier nicht einzugehen ist.

Was die Ausführungen über den Verwertungsprozeß S. 148 ff. anlangt, so können wir uns hier kurz fassen. Wir wissen, daß der

Gebrauchswert (im Sinne von Marx) einer Ware nicht bestimmt ist durch das Quantum der in ihr materialisierten Arbeit, ja daß nicht einmal die Arbeit in ihm materialisiert wird. Wir können auf den Gebrauchswert überhaupt nur aus der Erfahrung schließen, daraus, daß wir wissen, daß es Leute gibt, die wir Konsumenten nennen und die dem „Gebrauchswerte", der tauglichen Sache, Wert beizulegen geneigt sind. Wir wissen auch, daß sich dieser Wert nicht in erster Linie nach der Arbeit bemißt, die der Lohnarbeiter oder der Produzent auf die taugliche Sache verwendet haben und vergütet verlangen, sondern nach der Arbeit, die der Konsument selbst aufwenden müßte oder könnte, um sich die Sache anzueignen. Mit dieser Arbeit vergleicht er die Vergütungsforderung des Produzenten und entscheidet darüber, ob die Sache für ihn Wert hat oder nicht. Ferner wissen wir, daß sich die Vergütungsforderung nach diesem selben Grundsatze beim Produzenten berechnet und daß dieser Wert, hier Sachwert, in der Tat nicht höher sein kann, als es eben dem Arbeitswert des Produzenten entspricht. So stutzt der Kapitalist (Produzent) keineswegs. Er weiß nämlich auch, daß er mit Kapital billiger produzieren kann, als es der Konsument ohne dieses Kapital könnte, weil das Kapital geringere Bedürfnisse hat, als sie der Konsument in der gleichen Zeit hätte, daß also der Arbeitswert seines Produktes unbedingt niedriger ist, als der Gebrauchswert (Genußwert) für den Konsumenten, und er produziert lediglich, weil er weiß, daß er über den Sachwert hinaus, ja über den Tauschwert hinaus den Preis des Produktes vom Konsumenten erhalten kann. Er wird in den Regelfällen Mehrwert beziehen. Daß auch sein Produktionsgehilfe Anteil an diesem Mehrwert hat, ist oben schon erörtert. Was Marx S. 153, 154 sagt, ist völlig richtig für den Sachwert. „Ob er sein Haus fertig auf dem Markt kauft, oder es selbst bauen läßt, keine dieser Operationen wird das im Erwerb des Hauses ausgelegte Geld vermehren!" Gewiß nicht. Er bezahlt in beiden Fällen den Gebrauchswert (Genußwert), denn er ist Konsument des Hauses, der Kapitalist aber berechnet nur den Sachwert (Tauschwert), weil er als Produzent keinen Bedarf nach dem Hause hat. Wir sehen, daß Marx die verschiedenen Standpunkte des Produzenten und des Konsumenten nicht auseinander hält, und der Kapitalist, der hier nicht Bescheid weiß, würde vielleicht auf dieselben abstrusen Gedanken verfallen, wie Marx; jedenfalls würde er sehr bald merken, daß zwischen Sachwert und Genußwert eine Spannung bestehen muß, wenn die Produktion von Vorteil sein soll. Dieser Vorteil liegt aber nicht lediglich auf der Seite des Kapitalisten, sondern auch auf der des Konsumenten und hiermit deuten wir eine der Rechtfertigungen dafür an, daß der Konsument von der unmittelbaren Aneignung der natürlichen Dinge ausgeschlossen ist. Wir brauchen alle Eisen und Kohlen, Stahlfedern, Holz usw., aber niemand könnte sich diese Dinge so billig und so gut selbst verschaffen oder herstellen, wie der Produzent, der Kapitalist sie anbietet. Und der, dem es mehr auf die Güte als auf die Billigkeit ankommt, wird versuchen, selbst unmittelbar weiter zu produzieren: man denke an hausbackenes Brot und dergl.

Wir müssen daher unserer Wertreihe noch einen Wert vorsetzen, der den Kapital- oder Maschinenwert bezeichnet und der niedriger ist, als der auf Grund menschlicher Bedürfnisse ermittelte Sachwert. Nennen wir ihn Fabrikwert, so wissen wir, daß der Fabrikwert nach denselben Grundsätzen berechnet wird wie der Sachwert, also schließlich auch ein Sachwert ist, daß aber die Unterlagen für die Berechnung sich durch die verschiedene Bedarfsgröße dort des Kapitals, hier des Menschen und ebenso durch die verschiedene Leistungsfähigkeit unterscheiden. Bilden wir also die Reihe Fabrikwert, Sachwert, Tauschwert, Preis, Gebrauchswert, Genußwert, so findet sich, daß sich der Sachwert und die folgenden Werte sehr nach der Seite des Fabrikwertes verschieben, während der Genußwert derselbe bleibt. Das heißt nichts anderes, als daß der Konsument das gleich große Bedürfnis mit einer geringeren Vergütung an Arbeitsleistung als bisher befriedigen kann, es heißt aber auch, daß die menschliche Produktion gegenüber der Kapital- oder Fabrikproduktion eingeschränkt werden muß, weil sich die Bedürfnisse des Menschen nicht soweit wie die des Kapitals herabdrücken lassen. Der sich in der Reihe Sachwert, Tauschwert, Preis bildende Mehrwert wird immer kleiner und verschwindet für den lebendigen Produzenten schließlich ganz. Es heißt aber schließlich auch, daß, solange der Fabrikwert diese Reihe nicht wesentlich beeinflußt, solange also Tauschwert und Preis auf derselben Höhe gehalten werden können, (was möglich ist, solange keine Fabrikkonkurrenz besteht), daß eben solange der Mehrwert, den der Kapitalist erzielt, um soviel größer ist, als der, den Robinson erzielt, als der Sachwert, wie wir ihn für Robinson berechneten über dem Fabrikwert, wie ihn der Kapitalist berechnet, stehen bleibt. Dieser größere Wert schließt noch keine Benachteiligung des Konsumenten ein, dessen Mehrwertsanteil in der Reihe Preis, Gebrauchswert, Genußwert liegt. Der Fabrikant kann diesen Mehrwert des Konsumenten nur schmälern, wenn keine Fabrikkonkurrenz, auch keine Robinsonkonkurrenz, wohl aber Konsumentenkonkurrenz besteht, wenn also die Preise nach der Seite des Konsumenten hin hochgetrieben werden können. Sofern dieser Preis den bisherigen Preis, den wir Marktpreis nennen wollen, übersteigt, werden wir künftig nicht mehr von Mehrwert, sondern von Mehrnutzen reden.

Bei dem Mehrnutzen unterscheiden wir noch zwischen dem eigentlichen Mehrnutzen und dem Übernutzen. Unter dem ersteren verstehen wir den Mehrertrag, der sich aus der natürlichen Entwickelung der wirtschaftlichen Verhältnisse, aus der Konjunktur ergibt, sofern diese nicht durch den Kapitalisten beeinflußt ist, ebenso auch den Nutzen, den eine neue Herstellungsart ihrem Erfinder gewährt, solange sie noch nicht Allgemeingut geworden ist und dergleichen Vorteile, die auf Ausnutzung besonderer Umstände durch körperliche oder geistige Arbeitskraft im Rahmen des Erlaubten entstehen. Übernutzen nennen wir den Nutzen, der durch den Mißbrauch irgendwelcher Verhältnisse, sei es der wirtschaftlichen Macht des Kapitalisten, sei es der Notlage des Konsumenten oder der des Lohnarbeiters erzielt wird, also beispielsweise durch Preisdrückerei, um die Konkurrenz auszuschalten und dann Preistreiberei, um den Mehrwert des Konsumenten zu beschneiden.

Im Folgenden müssen wir nun einiges wiederholen, was wir schon („Werturteil" S. 65) gesagt haben: es handelt sich um die Kritik der Marxschen Lehre von der Entstehung des Mehrwertes. Marx berechnet richtig den täglichen Durchschnitt des Bedarfs und sagt S. 135: „Gesetzt, in dieser für den Durchschnittstag nötigen Warenmasse steckten 6 Stunden gesellschaftlicher Arbeit, so vergegenständlicht sich in der Arbeitskraft täglich ein halber Tag gesellschaftlicher Durchschnittsarbeit, oder ein halber Arbeitstag ist zur täglichen Produktion der Arbeitskraft erheischt." Dieses Arbeitsquantum bilde den Tageswert der Arbeitskraft. Wir sahen schon, daß der Wert der Arbeitskraft nicht in dem besteht, was sie kostet, sondern in dem, was sie über die Kosten ihrer Erhaltung hinaus leistet. Also bildet die halbtägige Arbeit nicht den Tageswert der Arbeitskraft. Aber, was hier für uns wichtiger ist, Marx stellt hier seine Behauptung als bloße Annahme hin: „Gesetzt" usw., doch schon im nächsten Satze drückt er sich so aus, als ob es unzweifelhaft sei, daß die halbtägige Arbeit den Tageswert der Arbeit bilde, den er mit 3 ℳ ansetzt. S. 156 sagt er dann ganz unbefangen: „Der Tageswert der Arbeit betrug 3 ℳ, weil in ihr selbst ein halber Arbeitstag vergegenständlicht ist, d. h. weil die täglich zur Produktion der Arbeitskraft nötigen Lebensmittel einen halben Tag Arbeitskraft kosten." Und hiermit ist die erste A n n a h m e einfach als Tatsache ausgesprochen und dient nun zur Grundlage der ganzen weiteren Beweisführung.

Sehen wir die Annahme näher an, so ist die Möglichkeit gar nicht zu bezweifeln, daß irgend ein Robinson, oder ihrer viele, den Tagesbedarf mit sechsstündiger Arbeit decken können und noch Arbeitskraft für weitere sechs Stunden verfügbar haben. Es sind das Leute mit großer Arbeitskraft und kleinen Bedürfnissen, mit Bedürfnissen, die im Verhältnisse zur Arbeitskraft klein sind, also vor allem Kapitalisten und geistig Arbeitende, denn bei ersteren werden einerseits die persönlichen Bedürfnisse mit denen ihres Kapitals, andrerseits die persönliche Arbeitskraft und die des Kapitals zusammengerechnet, wobei sich zu Gunsten der Arbeitskraft ein großer Unterschied ergibt, bei den letzteren aber ist die Arbeitskraft selbst so ausgebildet, daß ihr Ertrag den Tagesbedarf überschreitet. Etwas anders aber liegt die Sache für den wesentlich nur auf körperliche Arbeitskraft angewiesenen Robinson. Auch dessen Arbeitskraft mag größer sein, als sein Bedarf es erfordert, aber der Unterschied kann ohne Beeinträchtigung des Bedarfs kaum jemals so groß sein, wie Marx unterstellt, schon weil das naturgegebene Verhältnis ein Gleichgewicht ist. Wenn aber dieser Robinson-Lohnarbeiter nur einen halben Tag zu arbeiten braucht, um seinen Bedarf zu decken, so kann er entweder den anderen halben Tag feiern, (auf die Bestellung eines Handwerkers hörten wir die Antwort: „Vater arbeitet nachmittags nicht"!) oder er wird auch den anderen halben Tag arbeiten und seine Arbeitskraft in ihr Äquivalent umsetzen, das natürlich ihm selbst zugute kommt. Er wird also unter den Voraussetzungen von Marx täglich 6 ℳ einnehmen, davon 3 ℳ für seinen Bedarf verbrauchen und mit 3 ℳ Kapital bilden.

Oder aber wenn der Ertrag seiner Arbeitskraft, wie sie der Kapitalist vergütet, für 12 Stunden 3 ℳ beträgt, sein Bedarf aber täglich auch 3 ℳ erfordert, so kann man nicht sagen, daß zur Beschaffung des Bedarfs nur ein halber gesellschaftlicher Arbeitstag nötig sei (Vergl. auch oben S. 34).

Schließlich: was findet denn der Lohnarbeiter in der Werkstätte des Produzenten? Lediglich die Möglichkeit, seine Arbeitskraft nützlich zu verwenden und in Geld umzusetzen. Er findet einen Arbeitsgegenstand, an dem er sich betätigen kann und der seinen Fähigkeiten angemessen ist, und der Produzent stellt ihm noch eigene Arbeitskraft in Gestalt von Maschinen und Geräten zur Verfügung, die seine Arbeit erleichtern, alles das frei von jedem Risiko, das mit der Herstellung von Produkten zu fremdem Konsum verknüpft ist. Das einzige Interesse des Lohnarbeiters besteht eben darin, seine Arbeitskraft in Geld umzusetzen und er sieht nur darauf, den vereinbarten Lohn zu erhalten. Erst in zweiter Linie hat er ein Interesse an der Gestaltung seines Produktes und Zweck wie Schicksal des Produktes sind ihm ganz einerlei. Daher erklärt sich auch die Notwendigkeit für den Produzenten, seinerseits die Arbeitsleistung des Lohnarbeiters nach allen Seiten hin zu beaufsichtigen; es zeigt sich wieder, daß der Kapitalist der eigentliche Produzent ist.

Marx unterscheidet Wertbildungs- und Verwertungsprozeß. So unglücklich diese Bezeichnungen auch sind, so deuten sie doch etwas Richtiges an: der Wertbildungsprozeß deckt die Kosten des Bedarfs einschließlich der Arbeitskraft, der Verwertungsprozeß setzt überschüssige Arbeitskraft um; beides aber nicht, wie Marx sich das vorstellt, zugunsten des Kapitalisten, sondern zugunsten jedes einzelnen Robinson. Wir müssen diese Ausdrucksweise wählen, weil ja auch der Kapitalist als Produzent zum Selbstkonsum an der Arbeit des Lohnarbeiters beteiligt ist. Er hat zunächst Arbeitskraft vergütet, um den Arbeitsgegenstand in seinen Produktionskreis zu bringen und er stellt eigene umgesetzte Arbeitskraft in Gestalt von Maschinen dem Lohnarbeiter zur Verfügung, er arbeitet also mit, und da seine Arbeitskraft die größere und billigere zu sein pflegt, entfällt auf ihn natürlich auch ein höherer Prozentsatz des Ertrages. So sind es zwei Umstände, die den Lohnarbeiter gegenüber dem Kapitalisten ungünstiger stellen: der eine, daß seine Bedürfnisse im Verhältnisse zu seiner Arbeitskraft groß sind, der andere, daß seine Arbeitskraft im Verhältnisse zu seinen Bedürfnissen klein ist. Sie scheinen beide dasselbe auszudrücken, aber in der ersten Fassung sind sie vom Standpunkte des Konsumenten aus gesehen, der zu erwägen hat, ob er seine Bedürfnisse einschränken kann, im anderen Falle vom Standpunkte des Produzenten, der vielleicht seine Arbeitsleistung steigern könnte.

Ferner meint Marx S. 152, es sei entscheidend wichtig, daß während der Dauer des Prozesses, d. h. der Verwandlung von Baumwolle in Garn, nur die gesellschaftlich notwendige

Arbeitszeit verzehrt werde. Schon S. 5 hatte er behauptet, daß die gesamte Arbeitskraft der Gesellschaft hier als eine und dieselbe Arbeitskraft gelte, obgleich sie aus zahllosen individuellen Arbeitskräften bestehe, und jede dieser letzteren sei der anderen gleich, soweit sie als gesellschaftliche Durchschnittsarbeitskraft wirke. Schließlich sagt er S. 158, die Arbeit zähle nur, soweit die zur Produktion des Gebrauchswertes verbrauchte Zeit gesellschaftlich notwendig sei. In alledem liegt etwas Richtiges, wenn es auch nicht gerade das entscheidende ist. Marx blickt hier vom Preise oder vom Tauschwert, wie wir ihn verstehen, kurz von der Seite des Konsumenten nach dem Produzenten hin und sieht nur den Tauschwert, der sich aus dem Durchschnitt aller Sachwerte bildet. Man kann sehr wohl sagen, daß dieser Tauschwert das Maß des gesellschaftlich notwendigen bezeichne und daß der Arbeiter, der mehr als diese Zeit gebraucht, seine Arbeitskraft unnütz ausgebe, wir sehen ja auch, daß die, bei denen der Sachwert höher ist als der Tauschwert, ihre Produktion überhaupt einstellen müssen. Indessen ist dieser Umstand für den Lohnarbeiter ohne Belang, da ihm eben seine Arbeitskraft nach der Zeit, ohne Rücksicht auf den Arbeitsgegenstand vergütet wird. Dagegen ist er für den Produzenten äußerst wichtig. Er muß, wenn die Spinnmaschine das gesellschaftlich herrschende Arbeitsmittel für die Spinnerei ist, seine ersparte Arbeitskraft in Spinnmaschinen, nicht in Spinnräder umsetzen, da die Produkte der Spinnräder einen höheren Sachwert darstellen als der durch die Produkte der Spinnmaschinen wesentlich beeinflußte Tauschwert beträgt. So ist es auch für den Lohnarbeiter wesentlich, daß der Produzent für den „normalen Charakter der gegenständlichen Arbeitsfaktoren" sorgt und daß kein „zweckwidriger Konsum von Rohmaterial und Arbeitsmitteln" stattfindet.

Auf der anderen Seite dürfte es nicht richtig sein, wenn Marx S. 161 meint, die höhere Arbeit müsse stets auf gesellschaftliche Durchschnittsarbeit reduziert werden. Auch hier ist zu unterscheiden. Die Arbeit eines Robinson-Garnspinners kann von der eines anderen Robinson-Garnspinners qualitativ und quantitativ verschieden sein, aber das Produkt beider mag gleichartig sein. Nur wird der höher qualifizierte Robinson mehr von diesem Produkte in der gleichen Zeit liefern können. Oder wenn sie in der gleichen Zeit ein gleich großes Produkt liefern, wird das des einen in der Qualität höher stehen, als das des anderen. Im ersteren Falle wird sich die Arbeitsleistung des höher qualifizierten Arbeiters, gesetzt, sie habe 10 Stunden gedauert, ohne weiteres in etwa 12 Stunden der Arbeit des andern ausdrücken lassen. Aus dem anderen Falle aber sieht man, daß sich die Qualität nicht ohne weiteres auf die Durchschnittsarbeit einer anderen Qualität zurückführen läßt. Hier zeigt sich aber auch, daß das gar nicht nötig ist. Der höher qualifizierte Robinson berechnet für sich einen anderen Arbeitswert, demnach hat sein Produkt für ihn einen anderen (höheren) Sachwert und es liegt bei dem Konsumenten, ob er diesen höheren Sachwert als durch die bessere Qualität des Produktes gerechtfertigt anerkennt, wobei ihm zur Vergleichung stets nur Sachwerte der gleichen Qualität dienen können.

Zuletzt ist noch auf einen anderen Punkt hinzuweisen. Robinson-Juwelier ist als Produzent zum Selbstkonsum verpflichtet, alle Arbeiten, die in seinen Bedarfskreis fallen, selbst vorzunehmen, also etwa Stiefelputzen oder Bettenmachen. Diese Arbeiten sind von geringerer Qualität gegenüber der Juwelierarbeit, aber sie kosten Zeit. Der Juwelier kann nun eine Stunde Juwelierarbeit nicht auf eine oder fünf Stunden Stiefelputzen reduzieren, sondern wird eher eine Stunde Stiefelputzen gegenüber einer Stunde Juwelierarbeit als Zeitvergeudung ansehen; es handelt sich in der Tat um Vergeudung von Arbeitskraft, da die Stunde Stiefelputzen nie wieder einzuholen ist und die höhere qualifizierte Arbeitskraft für diese Zeit ungenützt geblieben ist. Man vereinfacht also die Analyse keineswegs, sondern macht sie geradezu unmöglich durch die Annahme, daß der Lohnarbeiter einfache gesellschaftliche Durchschnittsarbeit verrichte. Wir haben nachgewiesen, daß die Fehler der Marxschen Beweisführung gerade hierauf zurückzuführen sind: Marx verwirft alle

Unterschiede und erkennt sie dann nicht als Gründe der Verhältnisse, die er erörtert. Wir stellten Robinson in die Mitte unserer Betrachtung und fanden so in der Vielgestaltigkeit der Verhältnisse die Erklärung der Tatsachen die für Marx trotz aller Mühe unerklärt bleiben.

§ 10.

Konstantes und variables Kapital.

Marx betrachtet S. 139 ff. den Arbeitsprozeß und unterscheidet dabei erstens die Arbeit selbst als einen Prozeß zwischen Mensch nnd Natur, dann (S. 141) das Arbeitsmittel als Ding, welches der Mensch zwischen sich und den Arbeitsgegenstand schiebt, und schließlich den Arbeitsgegenstand. Er meint S. 143 vom Standpunkte des Produktes aus erschienen Arbeitsgegenstand und Arbeitsmittel als Produktionsmittel, die Arbeit selbst als produktive Arbeit, wobei er zugibt (Anmerkung), daß diese Bestimmung produktiver Arbeit keineswegs für den kapitalistischen Produktionsprozeß hinreiche. Weiterhin sagt er (S. 161), der Arbeiter setze dem Arbeitsgegenstand durch seine Arbeit neuen Wert zu, aber die Werte der Produktionsmittel seien als Bestandteile des Produktenwertes wiederzufinden, sie würden erhalten durch Übertragung auf das Produkt, diese werde vermittelt durch die Arbeit. Schließlich nennt er (S. 171) den Teil des Kapilals, der sich in Produktionsmittel umsetze, konstantes Kapital, weil es seine Wertgröße nicht verändere, den in Arbeitskraft umgesetzten Teil des Kapitals nennt er variables Kapital. Auf Grundlage dieser Einteilung wird fernerhin die Rate des Mehrwertes berechnet (S. 173 ff.).

Beginnen wir mit dem Arbeitsgegenstand, so erinnern wir uns, daß dieser als natürliche taugliche Sache an sich wirtschaftlich wertlos ist, da der wirtschaftliche Wert lediglich in der Vergütung vorausgegangener Arbeitsleistungen besteht, die Natur aber keine solche Vergütung verlangt. Aber auch der wirtschaftliche Wert ist kein Bestandteil der Sache, er geht nur als Ausgabe an Arbeitskraft neben ihr her und wächst, je näher die Sache dem Konsumenten kommt. Er kann verloren gehen, wenn der Zusammenhang zwischen der Sache und der Rechnung gelöst wird. So, wenn die Sache verschenkt wird, so auch, wenn sie verloren wird. In beiden Fällen erhält der Beschenkte oder der Finder eine taugliche Sache, deren wirtschaftliche Wertgröße unbekannt ist, wenn sie auch erfahrungsgemäß geschätzt werden kann. Natürlich aber haben die Dinge eine privatwirtschaftliche Bedarfsgröße, welche der Beschenkte oder Finder als Konsument berechnen kann. Nur, daß er den so berechneten Wert nicht zu vergüten braucht, gerade wie er das der Natur gegenüber nicht nötig hat. Auch sonst kommt es oft vor, daß Gegenstände ohne Rücksicht auf ihren wirtschaftlichen Wert oder unter Verkennung ihres Gebrauchswertes von Hand zu Hand gehen. So bei Verlosungen, beim Kauf und Verkauf alter Sachen, bei welchen die Kenntnis ihres eigentlichen wirtschaftlichen Wertes verloren gegangen ist usw. Der tauglichen Sache wird also kein Wert zugesetzt, sondern die auf sie verwandten Arbeitsleistungen brauchen nur vom Konsumenten nicht noch einmal selbst vorgenommen zu werden. Im wirtschaftlichen Leben werden sie vergütet, damit wird die sie begleitende Rechnung getilgt und wenn diese Dinge in den Konsumtionskreis des Konsumenten eintreten, sind sie keine Waren mehr, sondern lediglich taugliche Sachen, Gebrauchsgüter. Künftighin interessiert es lediglich den Konsumenten in seiner Privatwirtschaft, ob die vergütete Arbeitsleistung angemessen war. In keinem Falle kann er sie von einem anderen ganz oder teilweise erstattet verlangen, so daß, wer zu teuer kauft, den Schaden ganz allein zu tragen hat.

Die sachliche Bedeutung der Gebrauchsgüter ist ganz verschieden; wir haben darüber schon gesprochen und brauchen hier nur den Unterschied zwischen Arbeitsgegenstand und Arbeitsmittel hervorzuheben. Der Arbeitsgegenstand ist eine taugliche Sache, die dem Konsum näher gebracht werden soll, das Arbeitsmittel eine taugliche Sache, die sich schon im Konsum befindet. Welcher Art dieser Konsum ist, ist nebensächlich. Mag die Sache der Unterstützung der Arbeitskraft dienen, wie ein Hammer oder eine Lokomotive, mag sie bei Nebenzwecken der Arbeit verbraucht werden, wie Kohlen in der Feuerung oder Öl beim Schmieren, kurz überall erscheint die Sache nicht als ein wirtschaftlicher Wert, sondern als Gebrauchsgegenstand, sie setzt also nirgend der bearbeiteten Sache Wert zu. Nun sind natürlich hier Unterschiede zu machen. Hammer nnd Schmieröl erleichtern oder vereinfachen die Arbeitsleistung selbst, die Farbe ist überhaupt eine taugliche Sache, wie der Arbeitsgegenstand, die Feuerung wiederum unterstützt und erleichtert, vielleicht ermöglicht sie erst die Arbeitsleistung, und es sind deutlich zwei Gruppen solcher tauglicher Sachen zu unterscheiden, die eine, die in näherer Beziehung zum Arbeitsgegenstand steht, die andere, die eine nähere Beziehung zur Arbeitsleistung hat. Nur letztere können wirkliche Produktionsmittel sein, und in der Tat paßt das recht gut zu der von uns gegebenen Begriffsbestimmung der Produktivität, die wir dahin gaben, daß produktive Arbeit die sei, welche über den Bedarf ihrer eigenen Unterhaltung hinaus geleistet werde.

Sehen wir auf die Kosten dieser Gebrauchsgegenstände, so zeigt sich, daß die Kosten des Arbeitsgegenstandes und der in ihm verarbeiteten Sachen Auslagen an Arbeitsleistung sind, die nach rückwärts erstattet wurden und nach vorwärts erstattet verlangt werden. Die Kosten der Dinge aber, welche die Arbeitsleistung selbst unterstützen, erscheinen nur in der Privatwirtschaft des Produzenten wieder und zwar in der Form verstärkter oder vereinfachter Arbeitsleistung. Was hier mehr leistet, als es gekostet hat, ist produktiv, und je größer diese Produktivität ist, desto billiger kann die Arbeitseinzelleistung berechnet werden, die nach vorwärts erstattet verlangt wird. Wir sehen also, daß die Produktionsmittel nicht wertsteigernd, sondern wertmindernd wirken, sofern sich ihr Konsument nicht in ihnen verrechnet hat. Es läßt sich daher nicht sagen, daß der Wert der Produktionsmittel in das Produkt eingehe. Ihre Kosten erscheinen aber auch nur auf dem Umwege über die Berechnung der Arbeitsleistung, der sie gedient haben.

Wir erkennen aus alledem, daß wir es im Verlaufe des Produktionsprozesses, wie er sich heute abzuspielen pflegt, oft mit qualifizierten Arbeitsgegenständen (Halb- oder Stufenfabrikaten) und fast immer mit qualifizierter Arbeitsleistung zu tun haben, und bei dieser Erkenntnis verschwindet die Gruppe der Marxschen Produktionsmittel gänzlich, womit freilich nicht gesagt ist, daß die Erkenntnis dieser Gruppe als einer besonderen Art tauglicher Sache nicht richtig oder wichtig wäre. Indessen bleibt noch ein Produktionsmittel übrig: der Arbeitsgegenstand selbst. Es ist unbegreiflich, daß Marx den Gegenstand, auf welchen sich die Arbeit richtet, als Mittel ansehen kann. Er sagt selbst, das Arbeitsmittel schiebe sich zwischen den Arbeiter und den Arbeitsgegenstand, und es ist einfacher Unsinn, wenn er den Fisch ein Produktionsmittel für den Fischfang nennt, weil es nicht möglich sei, Fische in Gewässern zu fangen, in welchen sich keine befinden. Auch daß er die Sache vom Standpunkte des Arbeitsproduktes ansieht, ändert nichts an der Fehlerhaftigkeit seiner Anschauung. Es ist hier, wie früher bei seiner Betrachtung des Wertes, den er vom Standpunkte des Konsumenten ansah, dabei aber nur den Preis, höchstens den Tauschwert entdeckte und nun kurzerhand den Wert als gesellschaftlichen Durchschnittswert bestimmte. Hier also kann man wohl die Angel ein Produktionsmittel des Fischfanges nennen, weil sie der Fischer zwischen sich und den Fisch schiebt, aber man muß genau festhalten, daß der Arbeitsgegenstand in seinem Zwecke, der allein uns hierbei interessiert, etwas ganz anderes ist, als das Arbeitsmittel.

Wir behalten also zwei Gruppen übrig, den Arbeitsgegenstand und die Arbeit selbst, genau dem entsprechend, wovon wir ausgingen, als wir das Verhältnis Robinsons zur Natur betrachteten. Nur haben wir es jetzt mit einem kapitalistischen Robinson zu tun, der sich den Arbeitsgegenstand nicht mehr aus der Natur aneignet, sondern ihn kauft, und der ihn nicht mehr nur mit seiner natürlichen Arbeitskraft bearbeitet, sondern mit allen Mitteln moderner Technik, die er gleichfalls kauft. Der

Teil seines Kapitales, den er im Arbeitsgegenstande anlegt, verändert seine Wertgröße nicht im Produktionsprozesse. Er steht überhaupt nicht in diesem Prozesse, denn er ist die Vergütung dafür, daß der Arbeitsgegenstand in die private Gewalt des Produzenten kam. Dieses Kapital wurde für den Kauf des Arbeitsgegenstandes ausgegeben und steht nur als Ausgabe zu buchen. Der Produzent erwartet von seinem Konsumenten die Erstattung dieser Ausgabe: mit dem Produktionsprozesse hat sie nichts zu tun. Wir können sie aber ruhig konstantes Kapital nennen und verstehen nun, daß man im Produktionsprozesse von der Berücksichtigung dieses Kapitalteiles überhaupt absehen kann (Marx S. 174).

Der in Arbeitskraft umgesetzte Teil des Kapitals verändert dagegen seinen Wert im Produktionsprozeß, er produziert sein Äquivalent und einen Mehrwert. Gewiß, nur nicht in dem Sinne, wie Marx es sich vorstellt. Dieser Teil des Kapitals kann nur einen Mehrwert produzieren, weil die eigentlichen Produktionsmittel auf seine Seite gehören. Die Fabel von der Ausbeutung des Arbeiters ist weder richtig noch nötig, aber sie war für Marx die Hauptsache, auf die hin sein ganzes Werk angelegt ist. Weil der Arbeitsgegenstand seinen Wert im Produktionsprozesse nicht ändert, deshalb mußte er zu den Produktionsmitteln gerechnet werden, damit auch diese als konstanter Kapitalteil gelten und auf die Wertänderung ohne Einfluß bleiben konnten. Nun blieb natürlich nur die Arbeitskraft als Faktor der Wertvergrößerung übrig und da sie sich aus dieser allein nicht konstruieren läßt, blieb nur übrig, sie in der Ausbeutung des Arbeiters zu finden, wo sie denn Marx auch mit vielem Behagen entdeckt zu haben glaubt.

Wir wissen, daß ein Mehrwert nur bei der Vergleichung mehrerer Werte nachzuweisen ist. Nehmen wir die einander quantitativ übergeordneten Werte unserer Reihe, so besteht zwischen je zweien dieser Werte ein Mehrwert. Jetzt handelt es sich darum, den Mehrwert aus der Vergleichung zweier gleichgeordneter Werte zu finden. Wir haben diese Aufgabe schon gelöst, als wir die

Produktionsbedingungen zweier Robinsons verglichen. Nun kann man freilich sagen, daß die Unterschiede in den Veranlagungen und Bedürfnissen des Menschen nicht so groß seien, daß sie die Entstehung eines einigermaßen erheblichen Mehrwertes erklären könnten. Aber dagegen ist zunächst zu fragen, ob der Mehrwert denn überhaupt so groß sei, wie Marx ihn darstellt. Seine Annahme, daß der Mehrwert 100 % betrage, ist ganz willkürlich, er hätte ebenso eine Rate von 150 % oder von 25 % annehmen können, und jeder Produzent wird bestreiten, daß der Mehrwert durchschnittlich so hoch sei, als von Marx unterstellt wird. Die Höhe des Mehrwertes wird auch durch die Konkurrenz gleich oder ähnlich qualifizierter Produzenten beschränkt. Doch hiervon abgesehen ist es natürlich, daß der mit qualifizierter Arbeit erzielte Mehrwert höher und oft erheblich höher ist, als der durch Arbeit ohne Produktionsmittel erzielbare Mehrwert. Auch hierfür haben wir den Grund angegeben: er liegt darin, daß die Leistungen qualifizierter Arbeit wesentlich schneller steigen, als ihre Bedürfnisse, daß also der produktive Teil der Arbeitsleistung immer schneller wächst und seinerseits wieder seine Verwendung im Produktionsverfahren gestattet.

Je mehr aber die Menge umgesetzter also verfügbarer Arbeitsleistung wächst, desto mehr wächst der Reichtum der Gesellschaft, denn auch hier besteht der Reichtum nur in dem Überschuß über den Gesamtbedarf. So sehen wir auch von hier aus, daß die Waren, als Gegenstände des Bedarfs, gerade keine Bestandteile des Reichtums sind, und daß der Ausgangspunkt der Marxschen Untersuchungen falsch gewählt ist.

Es bleibt uns noch übrig, einen Blick auf die von Marx beliebte Berechnung der Rate des Mehrwertes zu werfen. Wir haben festzuhalten, daß der Arbeitsgegenstand in dem Produktionsverfahren keine Wertsteigerung erfährt, wie das ja Marx für das konstante Kapital selbst feststellt. Zu den Arbeitsgegenständen gehören aber auch die Produkte, die mit dem Hauptgegenstande verbunden werden. So die Farbe beim Färben von Tuch, das Polster beim Stuhl, der Glasdeckel bei der Taschenuhr, kurz alle die Dinge, welche ihrem Wesen nach Bestandteile des Arbeitsgegenstandes sind. Wir scheiden alle diese Gegenstände aus dem Begriffe des konstanten Kapitals aus und behalten zu weiterer Betrachtung die lebendige Arbeitskraft und ihre Hilfsmittel, die wir wohl Produktionsmittel nennen können, da sie Mittel zur Unterstützung der lebendigen Arbeitskraft sind. Wir können nun diese Produktionsmittel im Sinne von Marx den konstanten Kapitalteil nennen, nicht etwa weil ihr Wert im Produkt wieder erschiene, sondern nur um sie in einen Gegensatz zum variablen Kapital zu bringen, unter dem wir mit Marx nur die lebendige Arbeit verstehen, die also nicht Kapital, sondern nur der Stoff des Kapitals ist, wie der Lehm der Stoff der Ziegel ist.

Nun fragt es sich, welchem dieser beiden Kapitalteile der Mehrwert zuzuschreiben ist. Die Antwort ist einfach die, daß der Mehrwert auf der Seite des konstanten Kapitals entsteht, nicht, wie Marx will, auf der Seite des variablen Kapitals. Denn wir wissen, daß der Mehrwert dadurch entsteht, daß die Arbeitsleistung mehr gesteigert wird, als die Bedürfnisse, und da die Bedürfnisse des konstanten Kapitalteiles geringer sind, als die menschlichen Bedürfnisse des variablen Teils, so ist der Mehrwert um so größer, je größer der Anteil des konstanten Kapitals an der Gesamtarbeitsleistung ist. Je mehr und je bessere technische Hilfsmittel der Produzent anwenden kann, desto billiger kann er produzieren. Das weiß jedermann und es wäre kein Wort darüber zu verlieren, wenn nicht Marx die gegenteilige Behauptung aufstellte. Weshalb sind die Wertgrößen unserer Wertreihe quantitativ verschieden? Der Fabrikwert ist der geringste, weil ihm (theoretisch) nur Arbeit konstanten Kapitals zugrunde gelegt ist. Der Sachwert ist höher, weil Robinson größere Bedürfnisse und kleinere Leistungsfähigkeit hat, als die Maschine. Untereinander sind die Sachwerte verschieden weil bei den einzelnen Robinsons der Arbeitswert, das Verhältnis zwischen Leistungsfähigkeit und Bedürfnissen wechselt. Der Tauschwert wird durch den Fabrikwert herabgedrückt, weil durch die Konkurrenz der Maschine die Höhe der Sachwerte bei allen Robinsons ungünstig beeinflußt wird, denn der Fabrikwert ist notwendig niedriger, als jeder Sachwert: notwendig, denn wenn das nicht wäre, würde der Produzent kein konstantes Kapital, sondern lebendige Arbeitskraft anwenden. Der Gebrauchswert ist höher als alle diese Werte, weil dem Konsumenten die Hilfsmittel oder die Geschicklichkeit fehlen, die Arbeit so zweckmäßig zu leisten, wie das der Produzent kann; das läßt sich auf die Formel bringen, daß die Arbeitskraft des Konsumenten hinsichtlich dieses Bedarfsgutes stets kleiner ist, als die des Produzenten.

Sehen wir aber daraufhin die Marxsche Formel (S. 173) an: $C = c + v$, was heißen soll, daß das vorgeschossene Kapital C gleich der Summe des konstanten Kapitals c und des variablen Kapitals v ist, und die daneben stehende Formel, der Wert des Produktes sei gleich $c + v + m$, wobei m den Mehrwert bedeutet, so ist für uns ganz klar, daß der Mehrwert auf der Seite von c entsteht, also $(c + m) + v$, während Marx ihn auf die Seite von v stellt, also $c + (v + m)$. Seine Ausführungen gewinnen etwas Blendendes dadurch, daß er wieder seine unbewiesene Annahme aufgreift, der Arbeiter brauche nur einen halben Tag Arbeit zur Ersetzung seiner Arbeitskraft, müsse aber den ganzen Tag arbeiten. So legt er ein Kapital C von 500 ℳ zu Grunde und teilt es in 410 ℳ für c und 90 ℳ für v. Er läßt dann dieses Kapital um 90 ℳ wachsen für m, und bekommt so die Einteilung des schließlichen Wertes in 410 ℳ + 90 ℳ + 90 ℳ, die also seiner Behauptung nach so zusammengehören, daß die 410 ℳ für sich bleiben, aber die 90 + 90 ℳ das variable Kapital und den Mehrwert darstellen $(v + m)$. Und so sieht die Sache sehr bestechend aus. Sie wird schon zweifelhafter, wenn man nicht gerade 100 % Mehrwert annimmt, sondern in das Beispiel für m statt 90 nur 41 ℳ einsetzt: 410 + 90 + 41 ℳ $= c + v + m$. Hier ist die äußere Beziehung der Zahlengleichheit schon verschwunden, ja es besteht hier ein ebenso zufälliges Verhältnis zwischen c und m, wie bei Marx zwischen v und m. Niemand würde sich wundern, wenn hier c und m zusammengehören sollten.

In Wirklichkeit liegt nun die Sache so, daß c und m zusammengehören; je größer c ist, desto größer ist m, wie wir eben zeigten, desto kleiner ist also v. Der Mehrwert wächst also im umgekehrten Verhältnisse, als es Marx behauptet, wenn er S. 179 sagt: „Die Rate des Mehrwertes ist daher der exakte Ausdruck für den Exploitationsgrad der Arbeitskraft durch das Kapital oder des Arbeiters durch den Kapitalisten." Aber auch hier wollen wir andeuten, durch welche Tatsache sich Marx verführen läßt, das Gegenteil der Wahrheit zu beweisen. Er sieht nämlich, daß bei Anwendung von konstantem Kapital der Lohn des Lohnarbeiters sinkt, was eine natürliche Folge des sinkenden Sachwertes ist, daß aber die Preise der Waren nicht in demselben Verhältnisse sinken, was sich teils aus der Konkurrenz der Konsumenten teils daraus erklärt, daß der Produzent, je dringender der Bedarf nach seinem Produkte ist, desto leichter den Preis hochhalten kann. Marx sieht also, daß Robinson-Lohnarbeiter als Produzent weniger Ertrag seiner Arbeitskraft erhält, als er nach Maßgabe des nicht gleich stark gesenkten oder senkbaren Bedarfs als Konsument erzielen müßte, daß also das natürliche Gleichgewicht zwischen Arbeitskraft und Bedarf zu ungunsten des Bedarfs gestört ist. Marx sieht, kurz gesagt, daß der Lohnarbeiter verhältnismäßig mehr für seinen Bedarf ausgeben muß, als er dafür einnimmt, und er kann sich das nicht anders erklären, als daß dieser ganze Unterschied in die Tasche des Kapitalisten fließen müsse. Marx sieht also auch hier wieder nur den äußeren Schein und begnügt sich damit, ihn auf seine Art zu ergründen, aber er übersieht dabei die im Wirtschaftsleben wirklich geltenden Gesetze.

Kolibri 360 GmbH
Ferdinand-Jühlke-Straße 7
99095 Erfurt, Deutschland
produktsicherheit@kolibri360.de

Druck:
CPI Druckdienstleistungen GmbH
im Auftrag der
Kolibri 360 GmbH
Ferdinand-Jühlke-Str. 7
99095 Erfurt